慰安婦と兵士

煙の中に忍ぶ恋

山田正行
Yamada Masayuki

集広舎

慰安婦と兵士　目次

慰安婦と兵士

煙の中に忍ぶ恋

慰安婦と兵士

煙の中に忍ぶ恋

はじめに

慰安婦について、歴史の政治的利用により性と被害に偏した言説が繰り出されてきました。その側面は確かにあるでしょうが、兵士との愛もありました。しかも、死と隣りあわせの砲煙のたちこめる戦場において、だからこそ、その愛は文字どおり命懸けでした。この営為を軽々に考えてはなりません。そこには崇高なものさえ見出せるからです。

ここでは自伝やドキュメンタリーだけでなく文学作品もとりあげます。文学は創作であるため現実的ではないと見なすのは早計です。著者の体験をモチーフにした文学的リアリティが結晶化されているからです。これは収集した事実を玉石混淆のまま羅列する記述よりも大切な意味を伝えています。凡庸な学者の無味乾燥な報告より、優れた作家の洞察と活写の方が歴史の認識には有益です。

これに関する学術的な考察は『慰安婦と兵士の愛と死──限界状況において絡み合うエロスとタナトスの心理歴史的研究』（秋田平和学習センター、二〇二〇年七月初版、二一年一月第三版）で行いましたので、本書では、抽象的な専門用語は控え、具体的に読みやすく述べていきます。〈　〉で付記しているのは、あくまでも参考としてであり、読み飛ばしてかまいません。

なお、参考文献は巻末に列記しています。

第一章　千鳥と柳

一　肉の喘ぎをともなわない青い愛憐

朝鮮人慰安婦と日本兵について、伊藤桂一は経験に基づいて「水の琴」や「微風の岸」で描いています。

愛しあう千鳥と柳は、以下のように語りあいます（『水と微風の世界』五〇頁）。


「あなた、奥さん、いる？」

「いない」

「いいひと、は？」

「いない」

さぐるように、柳をみ、それから、少しおこったような、まじめな顔をしてみせて、

「うそ、いってる」

「うそじゃない」

「うそよ。ちゃんと、いるじゃない。ここに」

そして、くすくすと笑った。

また、柳は「どこか多くへ、二人で逃げて行こうか」というと、千鳥は「朝鮮に、逃げられるのだと、いいのだけれど」と「かすかに歌うように」応じます（一〇五頁）。

だが、千鳥は乳房の病魔によって、やつれていきます。柳は「肉欲の意味の上でしか対し得なかった女が、今では肉欲の意味を失いはじめている。肉欲の満足をしか与えるものをもたないその女の前で、肉の喘ぎをともなわない青い愛憐の焔が、女をめぐって立ちこめる」のを、目にするようでした（一一四頁）。

確かに、これは文学ですが、美化ではなく、リアリティがあります。戦後、数多くの戦友会が誕生し、記憶を語りあったことに類似するところがあるからです。伊藤のような表現はできませんが、その心情は共通していました。苛烈な戦場においてなお、むしろ、だからこそ、出会いがあれば、慰安婦と兵士はこのような愛を求めていたのです。

二　出会い

黒神准尉は柳上等兵に「おれは、女に関する限りは朝鮮びいきだよ」と言います（『水と微風の世界』一七頁）。このようになるのは、日本人慰安婦が専ら高級将校を相手にしていて、下級の将兵を見下す者が多かったからです。この他に、次の点も考えられます。

柳はかつて「見習士官としての序列も上位」でしたが、学生時代の「思想運動」の同志の「恋人」の「密告」により一兵卒にされました。それでも、彼は「兵隊の塵の中に埋もれて生きる方が、はるかに正しい生き甲斐につながるのではないか、という、むしろ明るい諦観が揺れさだまってきた」という人物です（『水と微風の世界』五五～六四頁）。「思想運動」は搾取や支配に反対するものでしょう。

このような柳に、黒神は千鳥（慶尚南道晋州生まれ）を紹介したのです（二〇、三四頁）。

三　柳と伊藤 ── 文学的リアリティ ──

伊藤は一九三八～四一年、四三～四五年に従軍し、四六年に復員しました。彼は小説ではない「慰安婦と兵隊」を前掲『軍隊慰安婦 ── 戦争と人間の記録』に寄稿しました。その中の「日本軍隊の慰安婦」の項では、伊藤が「南京の近くの、かなり大きな町の部隊本部の糧秣班」に「二年ほど」配属され、「経済的、時間的に融通がきき、そんなことも手伝って、しまいには朝鮮人慰安婦のいる店の、慰安婦達の相談係 ── みたいな役目を、自然に引き受けるようになっ」たと記されています（二三～二五頁、以下同様）。また、柳は南京の近くの「蕪湖」の部隊に配属されていたという設定で、両者は重なりあいます。

そこでは「日本、朝鮮、中国と三件の慰安所」があり、「建物も遊ぶ金額も、それぞれ格差があった。日本女性のいる家は、りっぱで、内地の遊廓のように座敷がある。他は、アパート式に、部屋が割ってある」と伊藤は説明しています。

「水の琴」や「微風の岸」の文学的リアリティは、伊藤の経験に基づいていると言えるでしょう。他に「雲と植物の世界」や「蛍の河」（昭和戦争文学全集編集委員会編『昭和戦争文学全集第三巻・果てしなき中国戦線』集英社、一九六五年）も参考にできます。

さらにリアリティの補強として、伊藤の「記録」を次に取りあげ、そこから慰安婦の存在意義について明らかにします。

第二章　存在意義——伊藤の洞察と表現を通して——

伊藤の作家としての洞察力と表現力による記録はとても貴重であり、それは慰安婦と兵士の愛と死に関する簡明な解説にもなっています。全文を紹介したいほどですが、ここでは重要なところを摘記し、付記していきます。

一　体験による記録（『軍隊慰安婦』二二～二七頁）

（一）「戒律」や「不文律」

慰安婦の世界にも「戒律」や「不文律」がありました。

人間の情痴の世界には、たとえば春を売る女には、いかなる場合にも遊客に本気には打ち込まぬ、という戒律があり、また男の側にも、そうした女に対して真情を傾けてはならぬ、というそれとなしの不文律がある。これは、いわば生活の知恵で、このしきたりを犯してみても、両者とも幸福にはならないからである。

このような「不文律」はいくつもの文献で書かれており、私も調査で聞きました。しかし、それを破る者も出ます。

その原則は、戦場でも変らない。しかし戦場では、兵隊は死にさらされているし、女は、その死にさらされている兵隊の姿が、惚れ込むにつれてますますはっきり見えてくる、ということになるので、つい安全圏を踏み外したりして、その絶望的な解決策として、軍隊から逃亡することを、衝動的に考えたりする、という危険な状態に陥ち込むことがある。一つの部隊に一つや二つは、兵隊と一緒に逃亡した女の話がある。逃亡先は多くは敵中へ――である。敵中へ逃げても、男女一緒には暮せないが、生命を（同時に愛の命脈も）全うする可能性は、日本軍中に身を置くよりも、多く残されていたのである。日本軍では、男女間の問題については、きわめて同情がなかった。女と兵隊が、中共軍中へ逃げ込んだ場合は、女は看護婦に、男は中共側の兵隊にさせられることが多かった。決して殺されもせず、制裁も受けなかった。

慰安婦と兵士の「逃亡」は、第四章でとりあげる金春子のドキュメンタリーや第十章で述べるつかこうへいの『娘に語る祖国――「満州駅伝」――従軍慰安婦編』でも書かれています。ただし、いずれも失敗して、前者は処刑され、後者は直前に戦争終結で生き延びます。

また、兵士と「なじみの女」との間の「規律」や「しきたり」もありました。伊藤は次のように述べています。

空いてる女なら、だれと遊んでもいい、ということはなかった。自ずと規律があり、なじみの女が休んでいるときは、その女の許可をもらった上で、ほかの女と遊ぶ、ということになっていた。前線の、決定的に女の少ない場所ならともかく、一応おちつきのある後方の町では、内地の色町なみのしきたりがあったのである。つまり、女たち同士の中の仁義でもある。糧林班で当番長をしていた古い兵隊の兵長がいたが、これは日本人の店でよく遊んだが、あるときなじみの女と少し喧嘩をして、別な女と遊んだ。ところがいつもの女は怒って、その座敷に割り込み、ついに男一人に女二人が同衾することになり、その上酒が入っているので、乱闘になって、兵長はビール壜で頭を割られ、爾後その店へは行けなくなった。兵長自身はなにもいわなかったが、結局、女二人に攻撃される結果になったのではないかと思われる。ルール違反をされると女も困るからである。

このようなことは暗黙に、または示唆的に知られていたことですが、伊藤の説明は簡明で具体的です。ですから、慰安婦と兵士の関係を加害・被害や売買だけに限定するのは偏狭だと言えます。

（二）「献身」、「世話」、「人間的な復活」

さらに、その関係は情愛から他者愛へと進むこともありました。伊藤は「篤志」、「献身」、「面倒」、「世話」などの表現で、次のように述べています。

慰安婦と兵隊の関係は、いずれにしろ情痴の関係なのだから、女が、特定の兵隊に打ち込み、その兵隊にはただで遊ばせ、金や物もくれる、ということもあったが、これは稀で、多くは、兵隊の側の篤志家が、女を、積極的に庇護防衛した。この例は多い。

（略）

朝鮮女性というのは、慰安業務をやっているくせに、日本兵には容易に心を許さない。これには民族的な事情が介在する。しかし、兵隊が特定の女に献身し、周囲がそれを認め、あの兵隊はみどころがある、ということになると、警戒が解かれ、彼女たちの生活心情圏へ、いくらでも入れてくれるのである。しかしその代わり、面倒も見てやらねばならぬ、ということになるのである。

どういう面倒を見るのかというと、彼女達の誰かが、前線にいる兵隊へ、ひそかに書信や品物を届けたいとき、また相手の消息を知りたいとき、あるいは軍隊内にしかない物資を欲しがるとき、さらに帰郷や結婚についての身上相談など、なにかと持ちかけられてくるものを、こまめに捌いてゆくのである。

（略）

女の中にも、自分の特定の兵隊に、実にこまごまと気を遣うのがいて、みていると、まるで、戦場へ出張してきている世話女房にみえてしまうほど、もの馴れた言動を示す者もあったのである。戦場慰安婦が、単なる、戦場における性処理の対象物——だけでなく、少しでもゆとりがあると、そこに人間的な復活が行われてきた、ということをわかっていただきたいのである。

こういうふうに、女と、兵隊との間に特別の親しみが生じると、それだけに、別れたり、一方が戦死してしまったりすると、残る者の嘆きは深いわけである。自分の好きな兵隊の戦死した通報を得て、一カ月、喪に服して客を取らなかった女がいた。私が慰安所の相談係をしていたころ接した女の中にいたのである。きいても本人はいわず、まわりの者がそういっただけで、かえって実感があった。もっともこれは異例である。

たとえ戦場でも「少しでもゆとりがあると、そこに人間的な復活が」あったということは重要です。人間として生きていきたいのであり、それが強く実感できるのが愛です。

そして「世話女房にみえてしまうほど」について、千田夏光は、一九三九～四四年、満州における例を、次のように述べています（『従軍慰安婦　正篇』二〇五頁）。

中には店に来るとき、「今日は」と言わず、「ただいま」と言いながら入ってくる兵隊もいた

という。「私たちも、〝おかえんなさい〟と言ったりしてね」それはまさしく夫婦ごっこという

より夫婦そのものであったようだ。

これは伊藤の記録の補強になります。

(三) 民族性の比較

伊藤は民族性を次のように比較しています。

中国人の女は、前述したように、生活苦から慰安婦をしている者が多く、兵隊とは事務的な肉体の交渉をするに尽きていたが、どうかして相互に感情の交流が芽生えると、それは際限もなく発展して、容易に、いかなる冒険に向けても挺身した。こわいものがないから純粋に燃えるのである。兵隊との逃亡や情死も、中国人の女が一番多い。

日本の兵隊に対して、最も献身的に親切だったのは、東南アジア、ことにタイの女性だったと言われる。これは、すでに、日本兵が敗けて収容所へ入っていても、なお、やって来て、その相手になってくれたのである。

中国人女性は、田村泰次郎の描く張沢民(張玉芝／朱愛春)の場合、イデオロギーも絡み、より複雑になっていますが、「純粋に燃える」ことは読みとれます。八路軍兵士(兵団に付属した劇団の女優)が俘

虜になり田村に「張玉芝」と名乗り、田村は「張沢民」という名で「肉体の悪魔」で登場させましたが、調べた結果、「張玉芝」は「化名（変名）」の「可能性が高」く、実際は朱愛春という名であると述べられています（『新・日本文壇史・第六巻・文士の戦争、日本とアジア』六四〜八七頁）。張沢民については第八章で述べます。

また、タイの女性について、「中学校で英語を教えている」娘は負傷兵の品野実に「日本軍は負けたけど、立派な民族だ。必ずまた還ってくる」と声をかけました（『異域の鬼』一六四頁）。これと伊藤の記述は通じあっています

（四）楽天性

伊藤は慰安婦の苦難に耐える「楽天的」な「願望」（特に結婚）についても述べています。

慰安婦も、置かれる場所によって、その運命も千差万別だったが、私のみたところ、その町における彼女たちの生活の実情について言えば、かなり恵まれていたのである。なぜなら、彼女たちは、みんな借金を抜き、結婚資金をたくわえ、かつ、結婚のとき持ってゆく、家具衣装箱も充分用意していた。あと、足りないのは、結婚する相手だけだったのである。この相手にしても、国に帰れば、いくらでもみつけることができるのである。要するに、長い辛酸の末に、彼女たちは、実に身をもって、自身の運命を切りひらいてきたわけである。これは、人間として、やはり立派だと言わなければならない。

考えてみれば、彼女たちにとっては、結婚――こそが、涙ぐましく切実な願望であり、おそらくそれだけを一縷の明るみとして、苦業に耐えてきたわけである。（話していると、口癖のように、お嫁に行く、と言う言葉が出た。）といって彼女たちは、日常を、苦業に耐えつつある深刻な表情で生きてきたわけではない。どちらかといえば、楽天的に身を処してきた。そうでなければ、生きられない。

特に「そうでなければ、生きられない」という認識は重要です。故郷に帰っても、そこは飢餓で苦しむほど貧しく、生きられるかどうか分かりません。これは日本統治の前からでした。清の属国として、東洋的専制の下で、民衆は、宗主国と同胞の支配層（王族や両班）から二重に収奪されていたからです。これは第四章で述べる金春子の積極性に通じます。

また「みんな借金を抜き、結婚資金をたくわえ、かつ、結婚のとき持ってゆく、家具衣装箱も充分用意していた」ことは誇張ではありません。軍が管理してため、ヤクザの無慈悲な横取りが防げたからです。〈『慰安婦と兵士の愛と死』第二章第二節第四項では多額の貯金やダイヤモンドなど宝石の購入の例もあげられています〉

そして、伊藤は「慰安婦――という、いわば女として最低の賤業をしてきたにかかわらず、彼女たちが意外に、人情家で、涙もろく、親切で、人がよく、かつ内部に天性の純真な資質を持っているのに驚」き、それは「おそらく、荒廃にそのまま身を任せるとほろんでしまうので、かえって、内部に結晶してゆくものを、大切に抱き育てたのではないか」と推測しています。これは慧眼です。

さらに、伊藤は兵士と「接触することによって、かれらと別れたり、かれらが死んだり、また、好きな兵隊を死なせた仲間の話に同情の涙をそそいだり、といった暮らしを経つつ、そこに自身達の情操をまもる、手がかりをみつけてきたりもした」ことを捉えて、次のように述べます。

しかも、彼女たちと兵隊たちとは、同一の下層の次元の中に生活していた。ときに性具のように取扱われはしても、そこにはやはり連帯感のつながりがあった。だから、売りものに買いもの、という関係だけではない、戦場でなければ到底持ち得ない、感動のみなぎる劇的な交渉——も、しばしば持ち得たのである。

「同一の下層の次元」や「連帯感」は、「最も実践的な末端」における「同志」的な関係と言えます。
〈それぞれ宮原誠一と朴裕河のキーワードで、『慰安婦と兵士の愛と死』で論じました〉

（五）存在価値・意義

以上のように述べてきて、伊藤は次のように提起します。

ともかく、戦場慰安婦——というのは、ふしぎな存在だった、といわなければならない。そうして、かつて慰安婦だった人びと——は自らの口でそれを語ろうとすることはしない。さらに、かつて慰安婦を真情をもって愛した人びともまた、みだりにはそれを人に語ることはない。したがって兵隊と慰安婦の記録は、いつまでも、人それぞれの胸の中にだけしまわれている。

ただ、私には、戦場慰安婦というものの存在価値とその功績は、もう少し一般の人びとに、正しく理解されてよいもの、と思えるのである。

「存在価値」、あるいは存在意義が知られないのは、戦争のトラウマや差別・偏見のためだけでなく、その「愛」には何ものにも代えがたい「真情」があり、これは極めて崇高なので、高い水準の理解力や表現力が求められ、一般的には言葉に表せず、伝え難いためと私は考えます。このような「存在価値とその功績」について、私は愛と死に即して明らかにしようと努めます。

二　収集した記録（『軍隊慰安婦』二九～五五頁）

（一）「国家草創の気分」や「涙ぐましい連帯と調和」

伊藤は「『満州事変』と慰安婦」の項で、次のように記録しています。

この作戦（熱河作戦）のはじまるまで、騎兵第二五連隊は、黒竜江省の南部にある、洮南という町にいた。内蒙との国境に近いので、域外には蒙古人の包《パオ》や、壁土で塗りかためた家を見ることもできた。こういう寂しい町でも、部隊がいれば、やはり慰安婦がいた。洮南には女達は約三〇人いたが、三分の二は朝鮮人である。

「熱河作戦」は一九三三年であり、慰安婦の先駆と言えるでしょう。なお「海軍慰安所」は一九三二年一二月末の段階で記録されています（麻生徹男『上海より上海へ——兵站病院の産婦人科医』二三七頁）。

このような時期に加えて、満州という土地のため、慰安婦と兵士の関係について「日中戦争後のそれとは、少々、趣きを異にしていた」と、伊藤は述べ、「どういうふうに違っていたかというと、満州建国前後の時代だから、兵隊にも慰安婦にも、国家草創の気分があった、ということである」と説明しています。この「国家草創の気分」は「五族協和」の「王道楽土」の理想と結びついていたと言えます。それは具体的には次のようでした。

このあたりでは、冬季は夜、零下三〇度にくだる。乗馬隊だから、討伐に出て夜帰ってくると、たづなも凍るのである。疲れと寒さに耐えて、部隊が深夜に洮南の駐屯地へ帰って来、城門のところへ来ると、そこにいつも（それがどんなに夜更けであっても）女たちは勢揃いをしていて、口々に「お帰りなさい」「ごくろうさま」といって手を振る。懸命に、心から、ねぎらいの言葉を発する。これは、原初的感情による、部隊と女たちとの涙ぐましい連帯と調和を示すものだったのである。

「城門のところで、女たちの声を聞くと、それでもう討伐の疲れはすべて忘れた」

と兵隊たちは、みな、そう述懐したものである。もちろん、日中戦争時においても、慰安婦は本質的にそうした存在価値を持っていたが、この時代は、満州建国――という新鮮な感動が人々の心に満ちあふれていたので、いっそうにその関係が睦まじかったのである。

そうして、討伐から帰って来ると、隊長から一兵までが、酒をくみかわして、心おきなく騒ぐ。その騒ぎの気分に、女たちもまた、気楽にとけ込んだのである。

討伐部隊が敵か匪賊に撃滅されれば、駐屯地の危険はますます高まります。正に兵士と慰安婦は一蓮托生でした。「国家草創の気分」や「涙ぐましい連帯と調和」は、やはり「最も実践的な末端」における「同志」的な関係の現れと言えるでしょう。

(二) スターリンのソ連と「死んでる奴も、生きてる奴もなく、必死に、懸命に戦っ」た日本兵

一九三七年七月七日に盧溝橋事件が起き、一二月一三日に南京が陥落し、その翌々年にノモンハンで日本軍とソ連軍が激戦を繰り広げました。伊藤は「ノモンハン戦線と慰安婦」について、次のように書き綴ります。

ノモンハンでの紛争は、昭和一四年の五月四日にはじまった。越境して来た外蒙兵と、満州国境巡察隊が衝突している。このときの国境線というのは、外蒙軍にいわせれば自領内であり、満州国軍にいわせれば外蒙軍の越境なのである。つまりお互いに信じている国境線が違う

のだ。

ハルハ河の中心か、ハルハ河の東岸か、というだけの相違がどうにも折り合わず、相互に兵力を動員し、戦況はみるまに進展したのである。それも、短時日に、大規模に拡大して、日本軍は外蒙領内に空襲を敢行して大戦果をあげた――かと思えば、外蒙軍はソ連軍機甲師団と重砲隊の援護のもとに、世界戦史上稀にみる猛攻を加えて来ている。

普通なら、日本軍は、砂漠の砂を枕に、一人残らず戦死してふしぎのないほどの彼我の戦力差があったのだが、日本兵の戦闘ぶりもまた史上稀にみるべきもので、おそらく徒手空拳に近い状態で、これほどみごとな対戦車戦をやった兵隊も、どこにもいないだろう、と思われたのである。


「日本兵の戦闘ぶりもまた史上稀にみるべきもの」は、世界史的な視角から考えることが重要です。従来、日本では、日清戦争（一八九四～九五年）、日露戦争（一九〇四～〇五年）、シベリア出兵（一九一八～二二年）、ノモンハン事件（一九三九年）と、半島から中国東北部、ロシアへと帝国主義的な拡大を試みるが、ノモンハン事件で頓挫した＝社会主義の生産力で実現した機械化部隊によりソ連が勝利したという解釈が広く支持されてきましたが、それはマルクス・レーニン主義による社会主義は発展し帝国主義は必然的に敗北するという歴史観の適用であり、より多角的に考察する必要があります。

大日本帝国軍人の明石元二郎が共産主義者レーニンを支援したのは一例です。帝国主義と反帝国主義（共産党と人民戦線）だけでなく、先進資本主義と後進資本主義、帝国主義と反帝国主義、革命と反革命、親日と反日、共産主義と容共と反共などの対立軸が交錯し、それに自由主義、民族主義などが絡み、全体として複雑に錯綜していました。

さらに、ノモンハン事件の六〜七年前、一九三二〜三三年、ウクライナで四〇〇万人以上の犠牲者を出したホロドモール（人為的な大飢饉＝ジェノサイド）が起きました（ロバート・コンクエスト『悲しみの収穫――ウクライナ大飢饉：スターリンの農業集団化と飢饉テロ』参照）。その三〜四年前、世界大恐慌が勃発し、欧米の産業界は混乱していました。それに付け入ろうと、スターリンの率いるソビエト・ロシアはウクライナから小麦を強引かつ大規模に収奪し、輸出し、貴重な外貨を獲得し、これを資本に工業化を加速し、戦力を機械化し、それをノモンハンに動員しました。プロパガンダでは搾取・支配をなくすと唱えながら、国内ではジェノサイドをもたらすほど強権的に人民を収奪していたのです。日本兵は、このように悪逆非道なスターリニズムのソ連と戦ったのです。

確かに歴史的な限界がありましたが、朝鮮半島を日本が統治しなければ、ロシア・ソヴィエトが統治した可能性が大きいです。その場合、このウクライナのホロドモールは軽視できません。そのようなジェノサイドは、半島のみならず、日本のどの地域でも起きていません。

これを踏まえて、ノモンハン事件の戦場をみると、日本兵の奮戦の一端について、伊藤は、植川松雄上等兵の「擲弾筒《てきだんとう》で戦車を撃ちつづけて、筒を握ったまま死んだ奴もいる。死んでも筒は離さん。それで、うしろから支えてやって、撃ちつづけさせた。つまり、死んでる奴が撃つのだ。死んでる奴も、生きてる奴もなく、必死に、懸命に戦っているのだ。おや、少し息が抜けたな、とワレに返ってみると、ま、病院にいる、というわけじゃないか。戦争がいやなわけじゃないが、せめて、敵と似たような装備を持たしてもらいたいもんだ。あれでは、こっちはまるで、インデアンが、弓で対抗しているようなもんだからな」という証言を引いています（『軍隊慰安婦』四三頁）。

確かに機械化において日本軍は後れを取っていましたが、一人一人の奮戦を過小評価してはなりません。辻政信の『ノモンハン秘史』と合わせて読むとより深い理解が得られるでしょう。ノモンハン事件の再考は必要かつ重要です。

なお、井上章一は、義経＝ジンギスカン伝説が小谷部全一郎『成吉思汗ハ源義経也』（一九二四年刊）で「もてはやされ」ことは「失敗に終わったシベリア出兵を、歴史への妄想で補償させたい」からであるという解釈を提出しています（井上「源義経」四七二頁）。確かに、その側面もあるでしょうが、これを挙げるなら、西洋の覇道に対する東洋の王道の大アジア主義による孫文の中国革命支援における浪漫主義を看過してはなりません。しかも、孫文は満州を支援と引き換えに売却することまで考えていました（内田良平、葦津珍彦、山浦貫一の文献を参照）。「妄想」というならば、正に中国革命がそうでしょう（現在の中国共産党体制の実相をみればなおさら）。そのように自国民を批判的にみるだけでなく、「国家草創の気分」や「涙ぐましい連帯と調和」についても注目すべきです。私は、これを「妄想」に翻弄されたと見なすのではなく、帝国主義やスターリニズムの西洋の覇道に対する東洋の王道という歴史観に位置づけます。

（三）最後まで踏み止まった慰安婦

ソ連軍の脅威が増す状況について、伊藤は、次のように述べています。

紛争が深まるにつれて、ソ連機の空襲に対するおそれも強まった。それで、海拉爾にいた軍人や満鉄職員の家族をはじめとする在留邦人の婦人子供は、みな安全な南満方面へ避難して行った。

しかし、踏み止まった女性もいました。しかも彼女たちは兵士を助け、支えました。

陸軍病院へ、国防婦人会員として、臨時の看護婦の働きをしたのは、軍の慰安婦をはじめ、酌婦や、カフェーの女給たちばかりだったのである。

これらの女性たちは、一般の日本女性たちからは、一段低い存在として、さげすみの眼でみられ、もちろんふだんのつきあいもなかったが、居留地が戦場の一角――のようになってしまうと、俄然彼女たちは、文字通り粉骨砕身に働き出した。のちに、第七師団の須見部隊長（歩兵第二六連隊長）が、「ああいう女性たちが踏みとどまってくれ、あんなによくやってくれてほんとに助かった。なかには朝鮮の婦人たちもだいぶまじっていましたが、彼女たちの心情を思うと、涙がとめどもなく流れてやみませんでした」と、述懐している。

多数の部下を死傷させた部隊長としては、須見連隊長のみならず、すべての指揮官もまた、同じ感慨を抱いたはずである。

この日本人居留地に「踏みとどまっ」た慰安婦の一人に「春原民子（春美）」がいました。彼女は植川上等兵に「お守り」を与えました。それは自分自身の陰毛を一本抜いて「藁半紙に丁寧に包んで、表に、春原民子（春美）――と記し」たものでした（四〇、四二〜四三頁等）。彼は戦死しましたが、その前に「お守り」について戦友の柿田源吉上等兵に「申し受けの挨拶」を書き、春原に伝えてくれるように頼みました（四五〜四八頁）。これは慰安婦と兵士の情愛の深さ、切なさを思わせます。

その一週間ほど後、彼女は「結核」と「過労」で倒れ、「面会謝絶」の状態になり、停戦前日の一九三九年九月一四日に逝去しました。

兵士とともに死闘した慰安婦は他にもおり、『慰安婦と兵士の愛と死』で述べています。多くは具体的に記録されていませんが、やはり等しい情愛で結ばれていたのでしょう。その中には恋愛にまで至り、兵士とともに玉砕した慰安婦もいました。

陰毛のお守りは、私も幾例か聞きましたが、当人との約束で個人が特定できないようにしか書けません。従って、伊藤が氏名を挙げて記録したことは重要です。なお、私の知り得た限りでは、陰毛を与えた女性には慰安婦だけでなく恋人などもいました。一本だけでなく、剃って幾本も束ねた者もいました。ただし、当の女性が包んだ紙に署名したということは聞きませんでした。

また兵隊の中には、女性が知らぬうちに、寝具や下着に付いていた陰毛を密かに拾いお守りにした者もいました。「自分のと区別できたのか」と聞くと、「何本か集めて、やっと自分のが絡まれば余計にいいじゃないか」と答えました。

なお、伊藤は戦争末期の「ビルマ戦線の慰安婦」の項でも、次のような事態を指摘して、踏み止まった慰安婦に言及しています。

昭和二〇年四月二三日の夕刻から、二七日の朝にかけて、ラングーンにあったビルマ方面軍司令部は、続々とモーメルンに撤退した。悪くいえば、水鳥の羽音に驚いた平家のように、とるものもとりあえず、ラングーンを見棄てて逃げたのである。

これに対して、白川戦治大尉は「いくら軍事上の理由があったにせよ、遺骨まで放置していくとは見苦しいではないか」、「慰安婦たちは、ふだんは部隊のために、眼にみえぬところで献身している。それを、見棄てて逃げたりしては、これは軍として拭いがたい恥辱であろう」と義憤を覚え、苦労して遺骨と慰安婦の「輸送」を実現しました。また、彼は「白人俘虜」についても対処し、松井旅団長（雲南では連隊長）に具申して「解放」を実現し、これは「日本軍の戦場道義の正しさを証明」したと評されました。

第三章　恩京（金恩秀）と李佳炯

一　出会いと別れ

朝鮮人兵士の李佳炯は「日本人初年兵」と「小川のへり」で「飯盒仕事」をしていると、朝鮮人慰安婦たちが「洗面盥を小脇に抱え」てやってきました（『怒りの河』八三〜八六頁、以下同様）。「日本兵士」が「水が浅いから、あまり汚さないでくれよ」と「小言を言う」と、彼女たちのなかで「ちょっとやんちゃにみえる娘が日本語でなく朝鮮語」で「なまいきなチョックパリめ！」とやり返しました。でも、彼女は「さて、どこかに水がないかしら？」と、言葉とは裏腹に別な場所を探し、寺に井戸があるかもしれないからと移動しようとすると、李佳炯が「すぐ終わります」と、彼女たちをなだめました（なお「チョックパリ」はチョクパリやチョッパリとも表記します。元々「双蹄」などを意味し、特に豚の蹄が二つに割れていることから、つま先が二つに分かれている下駄や足袋を履く日本人を侮蔑する意味が込められています）。

その時に、李佳炯は「五福女（五女）」や「金恩秀（恩京）」と出会ったのです。「五《オ》福《ボク》女《ニヨ》」は自分には「福」などないから「五女」だといいます。彼女は「当時、各道にひとつだけあった朝鮮人女子のための中等教育機関」の女子高等普通学校（女高普）まで進学できたのですが、運命が変転して慰安婦とされたのでした。李佳炯と五福女は互いに惹かれ合いますが、転戦の中で離ればなれになりました。

二　乳房効能――「マラリアでは死なない」

李佳炯はマラリアに罹りましたが、それにも拘わらず二度も渡河して倒れました（『怒りの河』二二〇～二二二頁、以下同様）。そこに恩京が現れ、再会しました。

私は両手を出して彼女の手を握り、身を起こした。

「手が、とても熱いわ」

「さっき河を二度も渡ったせいか、熱発したのだ」

「本当に久しぶりだわ。ここまで大変だったでしょうね。五福女はあの日、兄さんを朝からとても待っていた。宿舎まで行ったけど、みんな発ったあとだった。五福女と一緒に、私もシポーの駅まで行ったけどやはり発ったあとだった。五福女は道端に坐りこんで、道端をたたきながらわあわあ泣いたのよ。（恩京、私のことを五福女などともう一度呼んだら殺してやる）なんて、まるで私が邪魔だてしたためにお兄さんが姿を隠してしまったかのように言ったのよ」

「おれを、どうやってさがしあてたのか？」

「すぐそちらで、日本人の女性と火をたいていたのよ。火影にちらちらする姿を見て、あてずっぽうにさがしてみたの。それが、ふしぎにも当たったわ。これは、宿世のえにしというものじゃないかしら」

聞いているうちに李佳炯はマラリアに耐えられず、横になります。恩京は助けながら五福女の最後を知らせます。


恩京が、私の額をさわる。

「熱が大変ね」

私は、坐っておれず寝転ぶ。毛布をかぶって、うんうんとうなる。いったん熱が発すると、何もかもうるさいだけだ。

「どうしたらいいの、お兄さん」

私は我知らず言いだした。

「私の体を押さえてくれよ」

恩京は承知したかのように、私の腰の上に腰をかけて臂に力を入れる。熱発患者は熱に震えるために、押さえてもらわなければならないのだ。

「五福女は爆死したの。一度も見たことのない赤ちゃんがあったのよ。本当に哀れだわ。私達はマンダレーをトラック便で抜け出る途中だった。おそらくタジあたりではなかったかしら。五福女も大姉さんも爆死したわ。私と日本人の女性の二人だけは、かすり傷ひとつも受けなかったのよ。兵隊達と一緒に後退するとき、私達は隊列の先頭に立たされたのよ」

「隊列の先頭に立たされた」のは、偽装や人間の盾のためでしょう。

そして、次のように展開します。恩京はやはり「ちょっとやんちゃ」で、重病などおかまいなしに振る舞います。しかし、それが李の回復にとって極めて重要な役割を果たしているので、長文ですが、そのまま引用します。

彼女は毛布の中に手を入れる。

「足も押さえてくれよ」

私は、うわごとのように言う。

「まるで火だるまみたいね、あら、なんでこんなにちっちゃいのよ？　お兄さんは童貞なの？　まさか」

「なんだって……」

「あんまりちっちゃいから言ってみたの」

「君、怒ったらこわいぞ」

「お兄さん、ビルマでほかにも朝鮮人女子と会ったでしょ？」

「会ったよ。モールメンでね。シポーの時のようにパーティーをしてもらっただけだ。私はばかだったよ」

「だめね。私はお兄さんには一度抱かれてみたかったの」

「水をくれ、水をくれ」

私は、のどが渇いていた。しかし恩京は、私の言うことが聞き取れなかったらしい。

「どうしてあげたらいいの？」

「君の乳房を吸わせてくれよ」

「私の乳房を？　あら、まあ！　私は乳房だけは誰にもさわらせなかったのよ」

私は混濁した意識の中で、母の乳房を思い出していた。私は頭を持ち上げた。恩京は、まるで子供に乳をのませるかのように、私を抱き起こした。彼女の乳房は闇の中で白く浮き上がる。私は、それをなでまわし、いじくりまわし、乳首をかわるがわる吸う。私は母の乳房に顔を埋めている自分を思った。

この時、近くの暗がりから女の日本語が聞こえてきた。

「金さん、何をしてるの？」

恩京は流暢な日本語でこたえた。

「すぐ行くわ。少しだけ待っていてね」

私はしばらくためらったのちに、切りだした。

「私はマラリアでは死なない。私は狼師団の山砲五中隊の岩本佳夫一等兵だよ。朝鮮名は李佳炯。全南、本浦府の生れだ。荒野の狼の如くに生き残るつもりだよ」

「李佳炯氏。木浦生れ？　私も木浦とは縁故があるわ。私は金恩秀、だけど恩京と呼んでね。作名大家に作ってもらったの。この名で通せば、いつかはしあわせになるってよ。今夜のえにしを忘れないでね。では、さようなら。また逢うのよ」

彼女は私の手を彼女の胸から引き離し、少児のちんちんを採って食べるようなふりをした。
「ああ、おいしかったこと！」
さっき日本語が聞こえてきたくらがりの中の方へ、彼女は去って行った。

李佳炯が「母の乳房に顔を埋めている自分を思」いつつ、恩京の乳房を「なでまわし、いじくりまわし、乳首をかわるがわる吸」ったことは、彼の回復にとってとても重要です。それは生の本能であるエロスを励起させたからです。恩京がこれを知っていたわけではないでしょうが、彼女の慰安婦としての実践が李佳炯の存在の本源を刺激し、「生きたい！」を思わせたのです。これはプラセボ効果というよりも、山下奉文大将の「乳房教育」（本書第四章で後述）を援用すれば「乳房効能」と言うことができます。

それには性的な欲求の充足もありますが、熱発で震えて無力になった者としてみれば、やはり無力な乳児に回帰し、母を象徴し、栄養＝生きるエネルギーを与えてくれる乳房を我が物として、全てを委ねきった安心（慰安）を得て、それを回復への足がかりにできたのです。これをただ心理的な効果としてのみ捉えるのは一面的で浅薄です。幼い頃の母の乳房、現にある恩京の乳房、李佳炯の手や口唇が直接感応しあい、ピアジェのいう「感覚運動」的レベルで生きようとする欲求、生きる喜びが喚起させられ、生きる力が増強されたのです。それは心身の相互作用による相乗効果です。やはり第四章で述べますが、慰安婦の金春子に兵士たちが「おふくろや姉さんの匂いだ」と「まるで泣きそうな顔をして喜ぶ」ことに通じます。その意義を認識するためには、生・性の本能としてのエロスが鍵です。

この本源的な次元において、恩京は、「やんちゃ」で優しいという生来の人格と慰安婦として存在から、意識せずに、瀕死に陥った戦士に生きる力を与えたのです。だからこそ李佳炯は「私はマラリアでは死なない。……荒野の狼の如くに生き残るつもりだよ」と言えるようになったのです。

なお「母の乳房を思い出し」たことを近親相姦的に捉えることは浅薄です。それは乳児期の親子の信愛で、それが恩京の乳房によって喚起されたのです。もちろん、恩京との関係では性愛の要素もありますが、それと信愛が組み合わされ相乗効果によってマラリアに負けない生きる力が与えられたのです。

さらに、恩京は高熱に痙攣する李佳炯に対して、「ちんちん(男性器)」を触り「あら、なんでこんなにちっちゃいのよ？　お兄さんは童貞なの？　まさか」とからかったことも重要です。男にとって男性器は尊厳に関わり、李佳炯は「君、怒ったらこわいぞ」と反撃します。この怒りのエネルギーが闘争心をかき立て、ショック療法のように働き、病魔に負けない生きる力を増強したと分析できます。怒りも闘いも死の本能のタナトスの発現ですが、それは生の本能のエロスと表裏一体です。如何に生きるかは最終的に如何に死ぬかであり、また如何に死ぬかは如何に生きるかの到達点になります。

しかも、恩京は最後に「少児のちんちんを採って食べるようなふり」をして「おいしかった」と、男の尊厳を回復させせます。その前の「宿世のえにし」、「一度抱かれてみたかったの」、「乳房だけは誰にもさわらせなかった」といいながらたっぷりと触らせ、吸わせたことを総まとめするような一言です。

このように、恩京の言葉や行動には、小児的な安心、青年としての尊厳、生きたいと欲するエロス的エネルギーの喚起、怒りというタナトス的エネルギーへのショック療法的な刺激が短時間に合成・凝縮されているのです。また、それが分かるように、李佳炯はフロイトやエリクソンの相互的《ミューチュアル》な深層心理の分析に比肩できる記録を提出しているのです。

一々参考文献などあげていませんが、李佳炯は優れた学者（東京帝国大学に学び、戦後は韓国・全南大学、中央大学、国民大学教授・大学院長、韓国ペンクラブ副会長、韓国英文学会会長、韓国推理作家協会初代会長など歴任）であり、彼の記録の信頼性については『慰安婦と兵士の愛と死』第一章第七節第二項（五）などで論じています。

また『怒りの河』の出版では、「（旧制）五高時代の級友、長崎博良と富田英二郎両兄の慫慂と激励」など日本人の協力がありました。このことは大アジア主義、五族協和、大東亜共栄圏という理念が単なるスローガンだけでなかったことを意味しています。確かに、その歴史的限界の民族差別を軽視してはいけませんが、「最も実践的な末端」において民族を超えた絆が結ばれていたことも看過してはなりません。

三　愛がなければ

李佳炯は、古参兵の上等兵に慰安所に連れて行かれても、性行為まで及ばずに出ました（『怒りの河』六三～七一頁、八〇～八三頁。以下同様）。

彼は「同族」の「金某氏（氏の表記から民間人と言える）」から「十円札軍票三枚」を渡され、同胞の「貞子」の部屋に入りました。彼は「こういうところが初めてであ」り、「男女七歳不同席の国に生まれた私は男女交際に関する限り恐ろしく無知蒙昧なピューリタンであ」り、「困惑と焦燥と恐怖にとらわれ」、「ふしぎにも」、「欲情がわかなかった」と述べています。さらに、コンドームを持っていなかったため梅毒を恐れて「萎縮」したか、「暑さと酔いのため精神が朦朧としていた」とも自己分析しています。

そして李佳炯は「貞子」と故郷や身の上について話しただけで部屋を出ようとしました。ところがその際、「貞子」は「まるで男に疎んじられた」ように「みすぼらしくみえ」ました。李佳炯が軍票三枚を掌に「すべりこませ」ると、彼女は「何すんのよ?」と「かっとな」り、「投げすてるかのように手をあげた」のでした。

李佳炯は上等兵に「どうじゃった?」と尋ねられ、「やはり私は日本ピーの方がいいと思いますが」とごまかします。でも「だきしめてやらなかった」ことを「悔い」、さらに自分「自身に対して侮蔑と嫌悪の情にとらわれ」ました。そして「貞子」への思いは後まで尾を引いたのでした。

無論、李佳炯に「欲情」がなかったのではありません。抱きしめなかったことの後悔だけではありません。別な時、彼は「くらがりの中に寝ていたが、私の興奮はなかなか収まらなかった。夢の中で私は階段下のくさむらの中で完全軍装をした身で五女の裸身を抱きしめようとあらゆる手をつくしていた。そしてそのたびごとに臍の下のできものがちくりちくり痛むのだ……」とも記しています（『怒りの河』九六頁）。

欲情があるのに、それが起きないのは、人間にとって性は愛と密接に関係するからです。もし「貞子」を愛するようになれば、李佳炯は性的な関係にまで進んだでしょう。しかし、そうではなく彼は「五女」と愛しあうようになったのです。

なお、このような例は李佳炯だけではありません。『慰安婦と兵士の愛と死』終章第一節第二項で他の具体例を紹介しています。

四　少女のヌードの「魔の瞬間」を凌《しの》いで

李佳炯は「ビルマの少女のヌードを前に」の表題で、次の経験も述べています（『怒りの河』二五六〜二五八頁）。

小村軍曹の引率でインネンまでいく途中に、まことに因業なことが起きた。どうしてそのようなことが起こったかはしらないが、狼師団の敗残兵がたちまち荒野の狼と化したのだ。

かつて、彼は恩京に「荒野の狼の如く」生きると言いましたが、この時は違ってます。「狼」でも、前者はタフな一匹狼ですが、後者は手負いの餓狼です。

われらは名もしらぬ街を通り過ぎていた。公路の左の方は人家のない広い野原であるが、右の方はかなり立派な木造家屋がならんでいた。

兵士らは、いきなり散らばって人家に飛び込んで行った。ついで、ビルマ人の叫び声が聞こえた。陽が照りつけ埃が風に吹かれて舞い上がる公路の上で、私はひとりぽかんとしていた。

しかし、そのまま立ちんぼを続けているわけにもいかない。私も他の兵士らが飛び込んでいない家に向かって突き進んだのだった。

戦場ですから人家に敵が隠れていないか探るのは必要でしょうが、これは略奪・暴行のためと言えます。敗走で軍紀が乱れていたこともうかがえます。

李佳炯が「ぽかんとしていた」のは、このような者たちの暗黙の集団行動から仲間はずれにされていたと推論できます。それでも、彼は察知して、自分も続こうとしました。

私が入った本造のかなり大きい家には廊下があった。その突き当たりのドアが少し開いていた。私はそのドアをすっかり明け放して中に入った。空き部屋であったが、一隅に何かが動いている気配がした。私は暗がりに向かって銃を突き出したたまま目が慣れるのを待った。銃身の先に浮かび上ったのは、ロンジー（民族衣装）を胸の上まで引き上げているビルマの少女の恐怖にとりつかれた顔であった。

少女は両方の肘で乳房のふくらみをおさえるようにして掌を合わせていた。何かの彫像を見る思いであった。少女のふたつの眸が私を突き刺すように見据えていた。瞬間、私はなんとなしに後をふりかえり廊下をみわたした。ダアーを持ったビルマ人が足音を殺しながら近づいて来ていたのだ。私はすばやく銃口を彼の方向に向けると、男はびっくりした様子で姿をひるがえし外に逃げだして行った。もしも私に銃がなかったらどのようなことになったであろうかと、今も思い出すたびに慄然とする。

少女のロンジーだけの着方や背後からビルマ人が密かに襲おうとしていることを組み合わせると、日本兵の略奪・暴行を知り、親子で前もって打ちあわせていたことが推論できます。しかし、李佳炯は罠にかかりませんでした。

私はふたたび少女をにらみつけた。「お前の父は逃げたのだ。覚悟しろ！」と言わんばかりに……。少女は眼をつぶっていたが合掌の姿勢はそのままであった。少女の乳房はふくらんで見えた。彼女は、まるで覚悟をしているみたいだ。

少女は仏様のたすけを求めているのか、それとも日本の兵士の慈悲を願っているのか。日本人兵士から恥しめ（ママ）を受けるものと思い込んでいるらしい少女が、私は急に憎らしくなった。なぜ合掌しているのか。

（オーム アラナヤ……）

「やめろ！」

と、私はいきなり大声でどなった。

少女はひどく驚いたらしく、ロンジーがするりと落ちて少女の下の部分が丸見えになった。今度も、もっと驚いたのは少女よりも私であつた。少女のヌードは毛がなく稚くみえる。私はふと幼い時に風呂屋の女湯で見た朝鮮の少女の稚い下部を思いだす。少女は、ロンジーを引き上げようとしないし、私の視線もそこから離れられないのだ。

私はあわてた。足は凍りついたようであった。私は少女のヌードの前で、にっちもさっちもいかなかったのだ。私は少女の下半身よりも、ふっくらした乳房が気になっていた。私は少女の乳房を、そうだ、シッタン河のジャングルの中で、なでまわし、いじくりまわし、吸いあげた恩京の乳房のように、なで、いじり、吸いたい欲望にとらわれていた。しかし足がうごかないのだ。

私はいらだってきた。ふたたびドアの外の廊下をふりかえる。人の気配は全然ない。しかし、わかるものか、誰かがきっと見ているのだ……。

少女は目を大きく開いて私を見つめていた。少女の瞳は美しくなかった。その何ともいえない動物的なまなこがぞっとするほど気にくわなかった。

暴行は瞬間的に起こるものであろう。しかるに、私はこの魔の瞬間を取り逃したのだ。私がぐずついている間にその瞬間が去ってしまったのを、私ははっきりと悟った。

「ケサ・ムシブ！」(心配するな)

この時、私の口からついて出たのは、私が知っているいくつかのビルマ語のうちの一つであった。そして私は退出した。

その子の親は現われなかった。そこらあたりをうろついてもいなかった。

「誰かがきっと見ている」というのは、など自分を襲う「親」や敵だけでなく、超越的な存在であると言えます。それは「オーム アラナヤ」が李佳炯にとって大きな意味があるからです。

この「オーム アラナヤ」は、「金進士翁」が「経文を身に持し真言を唱えれば、いくら危地でも、事無きを得るのだよ」と「何度も言い聞かせ」て教えた「オーム アラナヤ フーム バタク」の一部です。李佳炯はその「金剛経文」を「尻拭き紙に使って捨てた」のですが、しばしば唱えて、心の拠り所にしていました（『怒りの河』一二〇～一二二頁）。

そして幾度も危地を脱しているため、彼は「死ぬことのないように呪われているのではないか。死ぬことになっている人間にくらべて、もっと痛い目に遭わなければならないのではないか」と感じています。このように自己分析できるのは、それだけ状況における自分のあり方を冷静に考えられることを意味しています。これは、たとえ追い詰められても、冷静に突破口を見出せる能力にもなります。

それだけでなく、既述したように李佳炯が愛のない性では欲情が起きないことも重要です。しかも、この状況では、相手が大人になっていない少女でした。確かに乳房は成長しており、それに対して恩京を思い出しながら欲求を覚えましたが、踏み止まりました。これは、彼の人間性の証しです。つまり、野蛮な慾望の充足という点では、彼のいうとおり「魔の瞬間を取り逃した」わけですが、人間性では〝魔が差さない〟で凌げたと言えます。「魔」が入りこむと、人間性が損なわれ、外見は人間でも、内面は非人間的になってしまいます。李佳炯はそうならず、人間性を保って生き延びました。だからこそ『怒りの河』を書くことができたのです。

略奪や暴行の後について、次のように記されています。

外に出てみると、遠くに忙しく走り去る兵士の後尾が見えた。私は隊列に追いつこうと走った。

おそらく私が、少女のヌードの前でたじたじとなり尻尾をまいて逃げた、と言っても誰も納得しないだろう。

公路近辺の民家は真っ昼間に落雷に出会ったようなものであった。どの程度の略奪と暴行が行われたかは誰も知らない。兵士らはみなしらを切っていた。

われらはひとり残らずふたたび集まり、小村軍曹を先頭にして行軍を続けた。

この「隊列」は軍曹が指揮しているので分隊から小隊の規模と推測できます。ただし、先述したとおり「立派な木造家屋」の並ぶ通りにさしかかると兵士たちが暗黙に一斉に行動したことから、他部隊の敗残兵も加わったような大人数ではないと言えます。

それでも、李佳烔は例外の一人です。隊員が十数名だとすれば一割以下です。しかし、少数だからといって全否定してはなりません。九割以上の大多数の問題を十分に認識したうえで、彼のように魔が差しても人間性を保ち得た少数を見過ごさず、それを伝えることも意義があります。全否定では人間不信に陥るだけで、不信は争いのもとになるからです。

第四章　金春子と長井軍曹

一　「女の兵器」

金春子（日本名は金井春子）はドキュメンタリー『女の兵器――ある朝鮮人慰安婦の手記――女の戦記第一巻・北支那戦線』でライフ・ストーリーを叙述しています。「女の兵器」という言葉は、「兵隊よりも、もっと大事な存在かも知れんな」（後述）というだけ戦場で重要な役割を果たしていた意味が込められています。当然、歴史的限界がありますが、当時、このように評価されていた事実を認識しなければなりません。

この文献の信頼性や意義は『慰安婦と兵士の愛と死』第四章第一節第二節で述べています。『女の兵器』の目次は、第一章「河の畔りの部落で」、第二章「悲しき水揚げ」、第三章「野戦に咲く恋」、第四章「男たちの群像」、第五章「楽しい慰問ピクニック」、第六章「河南の戦闘」です。表題では、第二章が「悲しき水揚げ」とありますが、第五章は「楽しい慰問ピクニック」と慰安婦を美化しているように思われます。しかし、慰安婦の生活でも、そのような時があったことは認めねばなりません。実際、金春子はただ悲惨な境遇を嘆き悲しむだけでなく、その中でなおも積極的に生きようとしていました。それを通して長井軍曹との愛が芽生えました。

次に金春子の人間性について述べると、優れた資質、優しい性格、苛酷な運命を前向きに受けとめる生きる力がうかがえます。彼女は、少女の時に集会で通訳ができるほどの能力がありますが、また、慰安婦として一所懸命に頑張れば勲章をもらえるかと尋ねるように純朴です。

彼女は「女子愛国奉仕隊（彼女たちの場合の呼称と思われる）」に動員され、次第に慰安婦として自覚を持つようになりました。性的に身を任せるのではなく、兵士が奮闘する戦いに自分も身を挺するという意味で積極的になりました。だからこそ「女の兵器」であり、従って朴裕河のいう「同志」以上の戦友なのです。ここでも、大アジア主義、五族協和、大東亜共栄圏という民族を超えた理念が「最も実践的な末端」で実現していたことが確かめられます。

慰安婦と兵士の戦友的な相互関係は、田村の「蝗」では、朝鮮人慰安婦の京子が原田軍曹に「コラ、ハヤク、ヤリナヨ。グズグズシテイルト、ヤラサナイゾ」、「ナンダ、ハンチョーカ。オマエ、ヤルノカ。ヨシ、コイ。ハヤク、コイ」などの表現でも認められます（後述）。兵士は武器で戦い、自分は慰安で戦うというライバル的な気概が読み取れます。

確かに、朝鮮人慰安婦にとって、総力戦体制下での官憲の恐ろしさ、自分だけでなく家族まで連座で罰せられるという前近代的な恐怖による支配もありました。しかし、程度の差はあれ、日本でも基本的に同様でした。挺身隊であれ、兵役であれ、それから逃れた子の罪で親が社会的に制裁されることは常でした。それを認める人々が形成する個人主義の弱い東洋的専制アジア的停滞の社会では、半島と列島は共通していました。

二　積極性

従軍するなかで、金春子は苦難をも前向きに受けとめようとします。そこに現実の美化が意識的・無意識的に働いていると考えるならば、それは、そのように考える当人の思考の故です（蟹は甲羅に似せて穴を掘るの類いで自分自身の性格が現れています）。ものごとは多面的に成立しており、彼女はその積極面を志向したのです。状況に対して良い側面に着目し、悪い側面に捕らわれないように努めるのは、困難を生き抜くための重要な美質で、生き抜く力の要素です。現状は困難だが、より良い状況になれるという願望は、確かにまだ現実ではありません。しかし、困難な現実を生き抜くためには、そのような願望が重要で必要であり、これにより願望が実現することもあります。しかし、願望がなければ、その可能性は全くありません。人生を充実させるためには、前者に懸ける／賭けるしかないのです。

このような生き方だからこそ、金春子と長井軍曹との間で愛が育まれたのです。ハッピーエンドの結末のようで、話がロマンティックにうまく出来すぎていると読めますが、あり得ないことではないのです。そして、李佳炯の場合と同様に、たとえ少数でも、それを見過ごさず、伝えることに意義があります。

確かに、これは少数例でしょう。しかし、多数であっても、それは全体ではありません。そして、少数と多数といずれが正しいかなどと単純に答を求めるのではなく、それぞれを熟考し、史実を多角的に熟考することが必要かつ重要です。

それでは、これから彼女のライフヒストリーに即して具体的に述べていきます。

三　ふるさとの状況

金春子は当時の実状について、「日本の警察でも手に負えない厄介者が朝鮮に廻されてくるという。その巡査に睨まれたら大変だった。どんなひどいことでも彼らはできるのであった」、「私たちは日本人の怖さを生まれついてから知っている」と述べています（二一六～二一九頁、二一八頁、以下同様）。そして、徴兵制度はなかったのですが、志願兵制度があり、若者は「半強制的に志願兵検査所に連れて行かれ」、また「巡査は、各人の家の軒先に坐りこむと（略）青年の親父がうんと言うまで坐りこんで動きませんでした。このような「志願を逃れる」には進学するしかありませんでした。

しかも、李佳炯は本土の熊本の五高に進学できましたが、それでも「志願」させられました。同列に論じることはできませんが、日本でも学徒動員が押し進められていました。そのような時代だったのです。

また彼女は「米を作る農家には、きびしい供出制度が布かれていた。その判定量がきついと、闇に売る余録分はもちろん、自家の消費分さえ無くなってしまうことがある。ところが一度この巡査に睨まれると、とんでもない供出額を押しつけられることがある」と書いています。この「きびしい供出制度」は、旧特権層の前近代的な収奪と新興資本家による近代的な搾取が重なったためと言えます。それは朴の指摘する多重な搾取に通じます（『帝国の慰安婦』二一八～二一九頁）。つまり、旧特権層、それに繋がる旧宗主国の中国、そして新興の日本という、少なくともこれら三重の搾取があげられます。中国との関係では、旧満州における朝鮮民族の位置が大きいです。日本の勢力拡張に伴い朝鮮人も進出していました。

それは相互関係で、中国から搾取の触手が伸びてくることでもありました。娼婦が朝鮮から中国へ送られる程ですから、まして生産物はなおさらでした。つまり、慰安婦は日本軍の管理下で移送されましたが、軍の周辺には民間の娼家が存在していました。それは往々にして犯罪集団が関わり闇のルート（裏街道）で物資や人身を移動させていました。当然、その処遇や収奪は非道でした。

四　「意気地なし」の男と「嘆き悲し」む女

金春子は同胞について「男は外で日本人との接触する仕事がある関係上、いつも意気地なし」で、女は家で嘆き悲しんでいたと指摘します。「意気地なし」の中には、朴の指摘する日本の「加担者」もいました（『帝国の慰安婦』四六～五〇頁、一〇一～一一四頁など）。これについては後述します。

無論、男の「意気地なし」について、厳重な統制と弾圧の恐怖を考えれば安直に批判はできません。参考として、日本の一例を挙げると、「厳重な機密保持の下に建造された」戦艦武蔵が出港するのを、「憲兵や警戒隊員の眼をぬすんで夜明け近い頃ひそかに雨戸のすき間から」目にした漁師は、戦後二〇年も経て、民主化が進んでいても「おびえ」て、自分がそれを話したことを「だれにも言わないでくれ」と懇願したといいます（吉村昭『戦艦武蔵』「あとがき」三〇七頁）。まして植民地であればなおさらでしょう。ですから、当然、それに相関して、女は「嘆きか悲し」みますが、その中で積極的に生きようとする者もいました。

五　思春期

金春子は、出征する兄の愛欲に応じて「キス」や水浴する裸体を見せました（『女の兵器』三二頁）。これは刺激的な創作ではなく、あり得たと考えられます。出征前の苦悩に苛まれ、心理的に混乱した状態になり、妹につい欲情が沸いたと推論できるからです。そして、金春子の対応は、逃れようのない状況における、子供なりの、最善とは言えなくとも、次善の対処でした。これについて説明していきます。

まず、彼女の兄を異常と決めつけるべきではありません。従って二人の行為は近親相姦でもありません（その危険性はありましたが、確実に踏み止まれたのです）。

戦時下の植民地ではなく、平和な日本における類例を、私は二つ聞かされたことがあります。一九七〇年代、友人とおしゃべりしていると、ふと、彼が〝夏休み、暑くて受験勉強に耐えかねて、勉強部屋を出ると姉が昼寝をしていて、その胸がはっきり見えて……〟と言いました。彼が何故そんなことを話したのか分からず、また、私には姉がいないのでピンときませんでしたが、やはり印象が強く記憶に刻まれました。しかし、友人はふつうにガールフレンドと交際していました。夏の暑さと受験勉強のストレスで魔が差そうとしたのでしょうが、一線は越えず、それだけですんだのでしょう。

また、一九八〇年代、教会で中学生の娘のいる母親が教会カウンセラー（女性）に〝ラグビーの夏合宿から帰った弟が昼寝していたら、いきなり起きて抱きついて……〟と語りました。そのカウンセラーが衝撃を受け、私に話しました。教会では、当然ですが、神の癒やしと守りを祈りました。私は他に口外せず、牧師にも伝えませんでした。

このようなわけで、金春子や兄は決して異常でも、ふしだらでもないと言えます。未熟ですが、微妙な思春期では、魔が差せば、誰にでも起こり得ることです。そして、金春子は率直に体験を綴ったのです。

また、それは、彼女が後に慰安婦とされる前の、とても重要な経験であったとも考えられます。何故なら、彼女が兄の愛欲にとまどいつつ応じたのは、何より優しさのためと言えるからです。そのような性格は、慰安婦とされても、兵士への優しさになって続いており、それがまた前向きに生きる力になっていると考えられるのです。

ここで念のために注記しておきますが、〝このような者だから慰安婦になった〟という解釈は余りにも軽率かつ浅薄でしょう。

六　「女子愛国奉仕隊」――「もうひとつの加担者」と「強制動員」――

兄が出征した一年後、「南という名の朝鮮人巡査」が「面（村）」にやって来ました（『女の兵器』三二～四四頁、以下同様）。金春子は「朝鮮人巡査は、自分の出世のために、日本人巡査以上に張り切って総督府のためにつくさなければならないのだった。そして彼らが張り切るということは、結局は面の人々を、いま以上に苦しめることにもつながっていた」と述べています。

その「南巡査」が「面長（村長）の家」における集まりで「訛りのひどい下手な日本の言葉」で演

説しました（当時、このような集会では日本語を使わなければなりませんでした）。金春子は一六歳の少女でしたが、日本語が分かるため、村人のために以下のように通訳しました。

名前は女子愛国奉仕隊といい、戦線将士のために働くのであり、その身分も、仕事も、一つも兵士たちと変わらぬ。忠義のやまとなでしことなることができるのだ。不幸にして、いままで半島の婦人はとにかく家の中にひきこもりがちで、国家に対する忠誠心に欠けることが多かった。内地人に対して、我々が肩身を狭くするのも、結局はそのせいでもあった。だが、今度は違う。我々は大いに肩身を広く内地の人と話し合うことができるのだ。

これについて、彼女は「なぜ肩身が広くなるのだろう。私にはよく分からなかった。それに、そこまでいわれながら、私には、それがまだ自分の身の上に振りかかった運命だとは気がつかなかった」のでした。

南は演説を終えると「ポケットから紙を取り出し」、「第一次志願者」五名の名前を読み上げました。「志願」の前に既に決まっていたのです。この五名はみな十六〜十八歳で、「この面の一番、娘盛りの少女ばかり」でした。しかし「もちろん、一言の抗議もなかった」のでした。広義の強制は否めませんが、それを現場で実行したのは同胞でした。

南巡査は「もし規則通り出発できなかったり、行方が分からなくなったりするものがあったら、憲兵がやってきて、徹底的に調べる」と告げました。「面の人々は一層ドキリとした。この世で憲兵ほど恐ろしいものはない」からでした。以前、逃亡した志願兵の家に憲兵が来て、彼の両親を捕まえ、殴り、蹴り、天井から逆さに吊して、口や鼻にバケツの水を注ぎ入れ、さらに天井、床下、納屋、諸を貯蔵する地下室に向けて「ピストルをぶっ放し」、逆さに吊したまま帰って行きました。そして「憲兵の姿が見えなくなってから大分たって、村人が、恐る、恐る、その縄をほどいた時には、父も母も、半死半生、やっと息をしているだけであった」のでした。

このようにして、金春子たちは動員させられました。品野は「朝鮮人慰安婦は、欺されて連れてこられた純情な素人娘が多かった」と述べています（『異域の鬼』八一～八二頁）。金春子は、その一人です。

七　慰安婦として生きる――同胞の「加担者」の窃取――

金春子たちが「京城へ向かう汽車には、南巡査から紹介された、吉田という五十ぐらいの日本人と、四十ぐらいの女の二人が、付き添い兼、監視で乗って」いました（『女の兵器』四七頁）。金春子は「南巡査は、同じ半島の民族でありながら、自分の同胞を日本人に売りわたしたのだ」と非難します（同前、四八頁）。彼は正しく同胞の「加担者」でした。

しかも、人身売買であれば親は代金を受けとりますが、「女子愛国奉仕隊」では、それはあり得ません。だが、抱え主の「おかあちゃん」は「わざわざ高い金かけて朝鮮から連れてきた」というのです（後述）。その「高い金」は金春子にも、親にも渡されていません。従って、この「売りわたし」は、強引な収奪でも、交換過程の搾取でもなく、狡猾な窃取と言えます。それは「南巡査」だけでなく中間管理から上も関わった権力犯罪と言えるでしょう。金春子たちは国境を越えて中国まで連れ出されたので、旅券《パスポート》や査証《ビザ》が必要です。そこまで入手できたのは、その許認可権を有する地位の官僚まで、この窃取に関わったこと、つまり「高い金」を山分けしたことを示しています。

そして、金春子の最初の相手は「金沢参謀」でした（同前、六八頁）。慰安所における高級将校の特権であり、遊郭で役人、大尽、顔役などが享受したものと相似しています。

さらに重要な点は、この時、金春子は「無給か、兵隊さんと同じくらいに安い給料」しか得られないと考えていたことです（この点も後述）。彼女は「金沢参謀」を相手にした後で金銭を得たと書いていませんから、貧しい村から連れ出した世間知らずの少女に食べさせ、きれいな着物で喜ばせて、窃取したことになります（これは買春・売買春の是認ではなく、曲解はご無用に）。

八　「勲章もらえますか」、「金の方はうんと儲かるぞ」

金春子たちは中国に入りました。率いる長井軍曹は「酒保品として、軍物資と同様に大事に取り扱う」と説明しました（『女の兵器』九六～一一〇頁、以下同様）。金春子が「私たちは兵隊さんと同じなのですか」と尋ねると、彼は「そうだ。まったく同じだ。あるいは兵隊よりも、もっと大事な存在かも知れんな」と答えたので、彼女が「それじゃ、手柄をたてたら勲章もらえますか」と聞くと、次のようになりました。

「勲章ねえ」

さすがに長井軍曹は困ってしまったらしく考えこんだ。

「私、勲章をもって、故郷に帰りたいわ。そうすれば皆感心してくれるわ」

「そりゃあ、立派に戦って戦死か負傷でもすれば勲章ももらえないことはないと思うがね、女の身ではなかなか難しいかもしれないなあ。しかし、金の方はうんと儲かるぞ。一生懸命働けば、一年で千円や二千円は貯金ができる。それを故郷の両親へ送金することもできるのだから、安心して働くがいいさ」

私はびっくりした。愛国奉仕隊へ入るというのだから、無給か、兵隊さんと同じくらいに安い給料で働かされるのだとばかり思っていたからである。

「そうさ、儲かるさ。みんな、金持になって、中には、支那の北京や、天津へ行って、その金で料理屋をやり、出世している者もあるよ。ちゃんと故郷から両親を呼び出してな、立派にやってるよ」

私はそれほど出世したいとは思わなかった。

それに故郷を離れて暮らすのは、何と言っても淋しいことだった。


「私、勲章をもって、故郷に帰りたいわ。そうすれば皆感心してくれるわ」とは、純朴な少女の考えです。また「金の方はうんと儲かるぞ」は、多額の貯金や宝石の購入の例があり（先述）、偽りではありません。だが「みんな、金持になって」は誇張で、その可能性があるでしょう。

とは言え、金春子は勲章だけでなく「報酬」も意識するようになりますが、純情さを失ってはいません。純情に名誉や富の意識が加わったのであり、少女から大人へと発達したと捉えることができます。「報酬」を利益誘導からしか考えないのは一面的で浅薄です。それは生計を確実にします。貧しい村で育った少女にとって、これはとても重要なことです。飢えがなくなることは生存の基盤が強化されることで、このことが分からないのは、むしろ飢餓を考えることのない裕福な生活に安穏としていられるためでしょう。

しかも、金春子は「報酬」しか考えなくなったのではありません。後述するように危険な巡回慰安婦の任務を引き受けます。その心意気、気概は実利主義を超越しています。

九　優れた能力・資質

金春子は「城市（市街地）」に入り、守備の交代を「ぼんやり見てい」て、「いままでの兵隊さんたちは、真黒に陽やけし（略）態度がずっとキビキビしていた」が、彼女とともに「新しく入ってきた」部隊の兵隊は「顔の色も白いし、夜通し歩きつづけてきたので、体に元気がない」などと観察しました（『女の兵器』一〇一頁以降）。これについて、前者は「甲編成の正規師団」で、後者は「武装も兵員もぐっと省略された、乙編成の独立旅団」であり、「彼女は初めてやってきた、軍事にはまったく素人の娘なのであるが、本能的なカンで」このように感じていたと編者は註記しています。先述した「面」の集会での通訳を踏まえれば、「本能的なカン」というより、彼女の優れた能力・資質と言えるでしょう。

このように周囲の状況を観察できることは、周囲が危機的になったときでも突破口を見つけ出す力量になります。だからこそ危険な任務を与えられても生き抜いて、ドキュメンタリー『女の兵器』をまとめることができたのです。

なお「甲編成」は通常の軍で、「乙編成」は治安維持に任じられた軍を指します。この違いは『慰安婦と兵士の愛と死』第一章の「朝鮮人日本軍兵士」で南京に進駐した日本軍部隊の違いでも言及しています。

十　強靭に生きる力 ―― 積極的な思考 ――

金春子は慰安所に着きました。それの様子を、以下のように述べています（『女の兵器』一〇七～一一四頁）。


何回も、狭い路を廻って、やっと、一軒の家に着いた。

その家ははっきりいって他の家と違っていた。

まず第一に外から見たところ、何となくけばけばしい。（略）門の柱も、建物の格子も、真赤に塗ってある。土塀の上の瓦は青色でそれが陽に光ってるり色に光っている。（略）屋根の瓦もきらきらと青色に光っている。

そして、彼女たちには「三畳くらい」の部屋が割り振られました。ところが、「入り口には何もおうものがない」ので、毛布を使いました。これもよくあることです。兵士が進駐すると、まず宿営するところを整えるのと相似しています。

そこには年寄りの「アマ（女中）」がいて、「両足をまるで、あひるのようによちよちとつっぱらせながら」歩いていました。纏足のためです。彼女は「足の先が卵みたいに丸くて小さく、ちょこにしか歩けないが、なかなか働き者」でした。

また、金春子たちは抱え主の夫婦を「おとうちゃん」、「おかあちゃん」と呼ぶようになりました。そして、長井軍曹は「おまえたちどうだ、この家、気に入ったか」と聞くと、みな「ええ」と「一斉に答え」ました。ここでも故郷の貧しさがうかがえます。

そして、彼女たちは「もはやこうなってはじたばたしても仕方がない。与えられた環境で精一杯楽しく生きるようにしなければならない」と、積極的に考えるようになっていたのです。

抱え主にも冷酷非道な〝忘八〟や〝やり手婆〟がいましたが、金春子たちの抱え主はそうではなかったと思われます。それは彼女が危険な巡回慰安婦として出発するときに、無事を祈願したことにも現れています（後述）。また、たとえ擬似的でも「おとうちゃん」、「おかあちゃん」と呼ぶことは信愛にとって大切です。故郷の家族から遠く離れた者にとって、その代替が必要だからです。

この点で、決して故郷の家族を貶めるという意味でなく、そこにおける貧困の現実を認識しなければなりません。だからこそ彼女たちはお金を貯めて帰郷するのを念願したのです。

ここで、アブラハム・マズローの欲求階層説を応用すれば、性行為（買春）を強いられる苦悩は確かにありますが、飢餓の脅威や憲兵の恐怖という生存や安全に関わる根本的な危険を脱することができたためと分析できます。この類例は劉震雲のルポルタージュ小説「温故一九四二」で描かれた少女でも認められます（これについては第七章で述べます）。

だが、それだけでなく、彼女たちは思考を積極的に転換できました。それは高杉晋作の辞世「おもしろきこともなき世をおもしろく」、あるいはルートヴィヒ・グットマン博士の提唱した「できないことではなく、できることを数えよ（It's ability, not disability, that counts）」に通じるでしょう。後者はパラリンピックの精神としては一般的に「失ったものを数えるな。残されたものを活かせ」と訳されています。これを金春子たちに見出すことができます（慰安婦などにあり得ないと考えるのは、自ら差別をさらけ出すことです）。

無論、それだけではありません。金春子は、次のように述べます。

故郷を遠く離れて、本当は悲しくて仕方がないはずなのだったが、皆不思議に陽気であった。それは誰の胸にでも、戦場に来てしまったのだから仕方がないという諦めとともに、あの男に抱かれるいやなことさえ我慢すれば、この奉仕隊の仕事は、兄や男たちが前に恐怖の思いをもった軍隊の生活ほど辛くひどいものではないということがよく分かったからであった。（略）もう一つ、皆が何となく明るい表情でいたのには理由がある。誰の胸にも、生まれて初めての恋が芽生えてきていたからである。それはまだ恋とは言えないものであるかもしれない。

そんなことは何も知らないうちに、私らの体は男たちに踏みにじられてしまったのだから。

でも、やはり自然に男を恋する気持ちが生まれてくるらしい。

これはフェミニズムの立場から非難されるでしょうが、そのような女性が存在することを否定してはなりません。しかも、フェミニズムが女性全体を代表するわけではありません。フェミニストの多くはセックスやジェンダーを強調しますが、愛や恋はないがしろにしています。特に、その「乱流」において顕著であり、この点は秦郁彦の『慰安婦と戦場の性』三五〇～三五三頁を切口に『慰安婦と兵士の愛と死』第一章第八節第六項㈢「『フェミニズムの乱流』と『嘘はつかないけど、本当のことを言わないこともある』」などで論じました。

しかも、金春子たちは逃れようがなかったのです。その中で自分の人生に明るさを求めたのであり、それは尊重されるべきです。そもそも、このような彼女たちのライフ・ヒストリーは史実となっています。自分の考え方や価値観と違うからといって、それを非人してはなりません。

確かに「諦め」もありますが、それに終始せず思考を積極的に転換したところに金春子たちの生きる力があります。さらに、思春期から青年期にかけて劇的に発達するセクシュアリティ（その本源はエロスで、原動力はリビドー）についても彼女は率直に述べています。そのように自分を見つめられるのも、彼女の力量の高さを示しています。

とても大切な初体験が高級将校に「踏みにじられ」たにもかかわらず「自然に男を恋する気持ちが生まれ」たらしいという心理も、〝そのような性質だから慰安婦になっても〟などと解釈するのは、やはり浅薄です。トラウマを抱えながらも、〝恋に恋する〟思春期を金春子は確実に生き、少女から娘になったのです。それはリビドーの大らかな発動であり、これによって人間らしく生きる力＝「人間的強さ」（エリクソン『洞察と責任』）が失われず、むしろ向上されたと分析できます。

これに加えて、たとえ「慰安婦」が誘っても「おまえたちは、おれが管理している兵器だから、おれが勝手に使うわけにはいかないんだ」と答える長井軍曹の存在も重要です（『女の兵器』一八四頁）。確かに慰安所は売買春の場ですが、そこにも戒律や不文律、さらに兵士には軍規・軍紀があり、それに応じた禁欲がありました。その遵守は人間への信頼の支えになりました。

人間は信頼できる社会で安心して生きてこそ、生きるエネルギーを蓄えられます。そして、長井軍曹は信頼できました。このような兵士との相互関係《ミューチユアリティ》を通して、金春子は、慰安婦であると同時に兵士の同志・戦友として尊厳をもってアイデンティティを形成でき、それが「人間的強さ」をもたらしたのです。

なお、長井軍曹は特例ではありません。田村泰次郎の「蝗」では原田軍曹が護送している慰安婦たちに禁欲的です（これは本書第七章で論じます）。

さらに、金春子は「まだあのことがそれほどいいわけではないが、しかし、喉元すぎれば熱さを忘れるで、それほど苦しいことのようにも思えなくなった。手拭に水をつけてあてては、必死になって冷やしたことも、何だか遠くの思い出のような気さえしてくるのであった」と述べます（『女の兵器』一一五〜一二〇頁）。このような変化と適応は、彼女だけではありませんでした。

あちこちの部屋から、笑い声や嬌声が聞こえてきた。それは最初の日のような、悲しそうな悲鳴や、苦痛を訴える呻き声ではなかった。

むしろ、そのことをともに楽しんでいるようなひびきさえあった。

いつのまにか馴れてしまったのであろうか。

（略）

私は改めて自分をまぜて五人の体を、ある一種の驚きの念を持って眺めた。女とはこんなにも変わるものだろうか。

いままで皆は子供のような幼い、どこか固い体付きをしていたのに、いまでは誰も彼も、すっかり違う体になってしまっている。体の表面にはつやつやと脂がにじみ出し、まるで骨をおおうように、筋肉が柔らかくつつんでいる。

胸も前よりいくらか高く張り出し、腰のあたりには、ぐっと脂肪がついてきて、何とも言えぬ丸味が出て来ているのである。


これもまたフェミニストは非難するでしょうが、このような事例もあることを認める必要があります。強いられた生き方においてなお、女として発達しようとしたところが重要です。世界大戦という巨大な暴力の中で植民地、民族差別、家父長制的性差別と重層的な抑圧によって慰安婦の生き方を強いられても、それに屈せず、人間として積極的に生きようとした強靱な努力には、むしろ粛然として敬服すべきです。

十一　慰安所における管理

金春子は「喉元すぎれば熱さを忘れる」（先述）と感じた夜、慰安所には将校が来ました。彼女の相手は「軍医係の将校」でした（『女の兵器』一一七頁）。そして「四、五日は将校さんばかりがお客だったが、そのうちに、日曜日ごとに兵隊さんがやってくるようにな」りました。高級将校（参謀）、次いで軍医将校、その下の将校、そして兵士という階級が端的に記述されており、そのように管理されていたことが分かります。

なお、この時期、真珠湾攻撃により戦場は太平洋へと拡大しました。

慰安所は、週日は夜に将校や曹長が来る程度で、多くの兵隊で忙しいのは「大概は日曜だけ」でした（一五〇頁、一八五頁も参照）。曹長より上級は、週日の夜にゆっくり「慰安」を享受できますが、それより下級は日曜に短時間ですませなければならなかったわけです。後述するように、その時間は「ほんの十五分」でした。

慰安婦たちは、土曜日に軍医による身体検査を受け、日曜日に大勢の兵隊を相手にしました。これは他の慰安所でも同様でした。金春子は「土曜日の検査。／日曜日の兵士の相手。／そして討伐隊帰りの兵隊の相手。／夜は将校の宴会や会食の接待と、隊長の相手。私たちはいつでも忙しかった」と述べています（一八五頁）。そして「二千人近い、女を断たれた、若い元気な男を僅か五人で相手をするのだから、いい加減な気持ちではとても勤まらないのであった」と自分を叱咤激励します。ここにも積極思考がうかがえます。その要因としては「討伐隊帰りの兵隊」との相互関係において彼女も闘志が強まったためと分析できます（これは次項で述べます）。

日曜、「おとうちゃん」は「ほくほくしながら」兵隊を中庭に並ばせて「順番だよ。分かったかい。ここでは、年次も階級もなしだよ。野暮なことは言いっこなしだね」と指示していました（一三三頁）。階級といっても、二等兵から軍曹までです。その日、金春子は三十人もの「客をと」り、稼ぎは百五十円でした（一四六～一四八頁）。兵隊は七円五十銭の料金を払い、そこから二円五十銭が差し引かれ、五円が彼女たちの報酬となります。当時、兵隊は十五円、伍長は四五円の「月給らし」く、彼女が一日で稼いだ百五十円は「部隊長の大尉さん」の月給より「多いぐらい」ということです。まことに長井軍曹がいったとおりです。

その一方「二等兵さんなんかは、一月の稼ぎの半分を、ほんの十五分で使ってしまうらしい」と金春子は述べます。同じ下層の他者に配慮できる優しさがうかがえます。

それだけでなく、この思考を進めていけば、確かに金は兵隊に渡されるが、慰安所を通して業者や当局に環流するという下層の窮乏化と上層における富の蓄積という格差の拡大に迫れます。無論、金春子はそこまで認識していませんが、直感的にその端緒を捉えていると言えます。

彼女は昼の三十人くらいで終えられず、夜は将校を相手にしなければなりません。そのため「おかあちゃん。もう少し寝かせといて。私、腰が痛くて耐えられないわ」と訴えると、「ばかなこと言わんといて、うちは何もあんたらを遊ばせてやるために、わざわざ高い金かけて朝鮮から連れてきたんではないんや」と叱りつけられました。既述したとおり、この「おかあちゃん」が払った「高い金」が誰に渡ったかが問われます。なお「おかあちゃん」は関西弁を話しています。

性的な長時間労働のため「皆、足をしゃっきりのばして歩けなかった。体の中心に何か硬張った棒のようなものがあるようで、自然、両足がガニ股になってしまうの」でした。このような状態は、五味川純平の『人間の条件』第一部の三六〜三七でも記述されており、リアルです。

十二　八路軍の裏表の認識 ――「必ず代価を払う」と「うんと沢山の税金を取」る ――

金春子は「ほとんどの部落が、表面は日本軍に忠誠を誓っているが、一歩日本軍が出てしまえば、後は八路軍にせっせと連絡し、兵器を隠したり、兵隊をかくしたりした」と述べます（一六九〜一七一頁）。これは本書第六章で田村が「赤・紅」に喩えて表現したことと共通します。

また、彼女は八路軍が「人民から食料を買う時は必ず代価を払うし、兵士が行軍する時は畑の間を通らないように気をつける」が、その一方「清郷部落（共産党勢力が一掃されたとされる地区）」と名乗る村からは「うんと沢山の税金を取」るとも述べます。これらは直接ではなく、間接的に聞いた評判と言えます。前者の人民と八路軍の関係は広く宣伝されたことで、後述する田村もそのように評価しています。

その上で注目すべきは、そうではない村からは「うんと沢山の税金を取」るとも書いていることです。八路軍・中国共産党は敵か味方かで峻別し、敵は徹底的に攻撃し、富を奪いました。それは人民に分け与えたといいますが、その監査は行われません。共産主義の大義で攻撃や掠奪が飾られていますが、その苛烈さは国民党、軍閥、日本軍に優るとも劣りませんでした。〈『慰安婦と兵士の愛と死』第五章

の「中国共産党の暴力」など参照〉

この点で金春子の捉え方は田村よりもリアルです。それは彼女がイデオロギーに影響されていないためです。田村には知識人特有の批判精神、新興イデオロギーである共産主義への関心・期待、そして中国共産党のスパイ張沢民＝張玉芝（実際は朱愛春）への愛慾があり、中国共産党を賞賛する傾向が強いです。

確かに金春子も中国人に同情します。何故なら「私たちは、日本人の仲間に入り、自分でも心の中では、日本人とまるで同じだと思ってはいるが、しかし、時には、日本人とは違う民族だということを強く意識することがある。／将校たちは、面と向かっては『おまえはかわいい』とか、『おまえをすきだ』などと言うが、かげでは『朝鮮ピー』と言い合っている」ことを知っているからです（一七一頁）。つまり、彼女の同情は差別された下層の者という同じ立場から生じており、イデオロギーとは無関係のため、抑圧された人民を解放すると呼号する中国共産党・八路軍に関しても「うんと沢山の税金を取」るという実態はありのままに受けとめ、記述しているのです。この両面の把握は田村より優っています。

ここで中国共産党の「必ず代価を払う」と「うんと沢山の税金を取」る、敵か味方かの区別について付言すると、大きく淪陥（陥落）区、遊撃区、解放区の三つがありました。それは日本軍の立場からいうおおよそ治安地区、准治安地区、未治安地区に照応していました。一九四一〜四二年、日本軍は未治安地区／解放区の掃討作戦を繰り返しつつ、「三光作戦（政策）」と称される無住地帯化のために遮断壕や監視・検問施設の構築を進め、これにより境界の画定・封鎖を行いました。

「三光」は〝焼光、殺光、搶光〟の中国語に由来し、日本軍は用いていません。これは徹底的な掃討壊滅作戦と思われていますが、中国共産党と日本軍の内通を踏まえ、そのプロパガンダに注意しなければなりません。これは全くなかったというのではなく、慎重に多角的に検証すべきという意味です。そして、八路軍との戦いは「討伐」という小競り合いの程度で、国民党軍とは「大決戦」に向かい、そのために兵力を河南に集中します（後述）。

なお、日本軍は太平洋で米軍と戦い、大陸で米軍に支援された国民党軍と戦うという世界大戦の構図において中国共産党と内通しましたが、これについては『慰安婦と兵士の愛と死』で詳論しています。

十三　慰安婦は「男らしい体臭に酔」い、兵士は「化粧品の匂いや、安《やす》お白粉《しろい》の匂いに酔」う

朴のいう「同志」的な相互関係について、金春子は具体的にリアルに述べています（一七五～一七七頁、以下同様）。

どの兵隊さんの体も、討伐から帰ってくると、煙硝くさかった。革具と汗と煙硝の中に、男らしい体臭が醸成されていた。

私たちはその男らしい体臭に酔ったし、兵隊さんたちは私たちの体についている化粧品の匂いや、安お白粉の匂いに酔った。

「ああ、これが女の匂いなんだなあ。討伐中いつも考えたのはこの匂いのことなんだ。そして

丸いおっぱいのことだ。ああ、それがいまここにあるんだ」

しかし、その兵隊だって、またつぎに来れるかどうかは分からなかった。

現に狂うようにして、私たちの乳房にキスして行った伍長が、三日ばかり休んで後、部隊伝令に出された途中、襲撃されて戦死したこともあった。

私たちはこのころから、私たちの仕事が、ここの兵隊さんたちにとって、どんなに大事なものであるかがよく分かってきた。

兵隊さんたちは、初めのうちは、遊び半分や、単なる、性欲の処理のためにやってきたような、不真面目なものが多かった。

ところが、討伐から戻ってきて、私たちの店に入ってくる兵隊さんたちは、そんなものではなかった。

私たちの体に触れて初めて、自分はこの戦闘に生きて勝ち抜いてきたのだという実感が湧いてくるらしかった。そして激しい作戦の苦労も、悲惨な戦友の死や負傷も、私たちの温かい肌に包まれると、すーっと忘れて行くのであるらしい。

私たちもこんな時は、商売を離れて兵隊さんを大事にしてやりたかった。


金春子が「革具と汗と煙硝の中」の「男らしい体臭に酔」い、兵士が「私たちの体についている化粧品の匂いや、安お白粉の匂いに酔った」という相互の感覚は特別ではありません。伊藤が満州の討伐部隊と慰安婦の関係で述べたことと共通しています（本書第二章）。また、千田夏光は、慰安婦が「昼間最前線で血みどろになって闘い、鮮血まみれとなって帰ってくる兵隊たちを夜になると慰め」、そして「彼女らの衣服もまた、兵隊たちのしたたらせる血糊で赤く染まっていたという」状況を記しています（『従軍慰安婦　正篇』一三六～一三七頁）。ただし、千田の描写は血戦の決まり文句のようであり、金春子の方がリアルで、しかも含蓄があります。

このような「酔」いは、セクシュアルなレベルを超えて、極限状況における真剣な昇華を思わせます。あるいは動物の本能に従った交尾が卑猥ではなく種の保存という本源的な営為であることに通じるでしょう。

慰安婦も兵士も決して慾望に溺れておらず、堕落してもいません。ですから、この引用文を、私は厳粛に読みます。そこには「士は己を知る者のために死す。女は己を見て悦ぶ者のために化粧する」（戦国策・趙策）が体現されているからです。

当然、これは「支援」されて「恨」の「証言」を繰り返す一部の慰安婦への問題提起となっています（このような「支援」の問題は『慰安婦と日本兵の愛と死』で論じています）。

十四　「お国のため」、ただし「位や、物で」はなく「ご苦労にむくいる」

金春子は兵士を「すっぽりと体中で包んでやりたかった」とまで思いました。私は、そこに出征前の兄に示した優しさの延長を見出します。また観点を変えれば、このセクシュアルでクリティカルな体験が、そのレディネスになっていると洞察できます。つまり、いつ死んでもおかしくない兵士になる兄を、金春子は自分の芽生えたばかりのセクシュアリティで慰め、その効果や意味を、少女なりに実感したのです。再確認しますが、これはふしだらではなく、子供の真剣さで考えた対処であり、決して非難はできません。

これを踏まえて「すっぽりと体中で包」むことに論点を戻します。彼女は、一人にそれを続けることができないため、次のように考えを進めます。

兵隊さんの数は多く、一人にばかり親切にするわけにはいかない。後から後から、順番を待っている。だから僅かの時間でも、できるだけ気を入れて相手にしてやるのがお国のためだと考えた。

短時間でも「できるだけ」の力を尽くそうというのです。しかも、それが「お国のため」と思うようになりました。これは彼女としての「一即多、多即一」の実践と言えます（『平和教育の思想と実践』で論じています）。個体と全体のダイナミックで統合的な認識で、弁証法を勉強しなくとも、感覚的にそれができたのです。

さらに、金春子は、将兵を人間性に応じて評価し、選別しています。それは感覚的ですが的確です。

大体将校や、いろいろなものを持ってきてくれる本部の炊事や酒保品係の兵隊は、位や、物で私たちの歓心を買い、私たちがそのため、うんとサービスしていると思っているらしいが、そんなことはとんでもないことだった。

私たちはただ気持ちがいいふりをしてごま化してるだけだ。

本当に気持ちをたかぶらせてサービスするのは、いま激しい戦争から戻ってきたばかりということがよく分かる、弾丸と戦場の匂いのする兵隊さんたちへだ。

同じ値段、同じ時間しかない。

後がつっかえている場合は一人で十五分。

お金は七円五十銭、おかあちゃんがサヤを取って私たちには五円くれる。これは規則で安くも高くもできない。

としたら、その十五分をうんと、気分的にこちらが夢中になる以外、このご苦労にむくいる道はないではないか。

私たちは体を動かし、腰を動かしながらも、

「兵隊さん、ごくろうさん」

と、心の中で感謝していたのだ。


確かに「五円」を得るためですが、それだけでなく「夢中になる」ような「サービス」が込められています。これは文字通り身を挺した「奉仕」と言い換えることもできます。それは「位や、物で」はなく「ご苦労にむくいる」ためであり、これによって彼女は、将兵の評価を主体的に実践したのです。さらに、それは「お国のため」に至っています。これを愛国主義や国家主義と見なすのは、やはり

浅薄です。「お国」には〝生国〟も含まれます。金春子は何よりも家族の暮らす生まれ故郷を思っていたはずです。

十五 「悪い兵隊さん」 ― サディズムとネクロフィリア ―

金春子は「でも、そんな兵隊さんの中でも、悪い兵隊さんもいる」といいます。その例として、彼女は「ときどき目が不気味に光る」「とても気が荒い」「村上伍長」について述べています（一七七～一八四頁）。

彼は「苗場鎮」というところで強姦した少女の血を拭いた絹のハンカチを「永久におれの宝物だ」と持っています。しかも、その少女が泣きながら井戸に身を投げたことをはばかることなく口にします。サディズムだけでなくネクロフィリア（死の愛好・嗜好）もうかがえます。

金春子は、これを聞き「あんまり平気でそう言う村上伍長が、私は憎らしくてならなかった。／それからも、この村上伍長だけはどうにも好きになれなかった」といいます。彼女は戦闘直後の兵士と「村上伍長」を明確に識別・選別しているのです。確かに前者も敵を殺しますが、それは敵も殺そうとする戦闘における相互行為であり、また命令によるものです。しかし、後者は一方的で自発的です。

確かに「本当に気持ちをたかぶらせてサービスするのは、いま激しい戦争から戻ってきたばかりということがよく分かる、弾丸と戦場の匂いのする兵隊さんたちへだ」ということにもタナトスとエロスの本源的な連合・複合が認められますが、「村上伍長」のは倒錯的病理的です。これを金春子は一般の「兵隊さん」と「村上伍長」という具体的な人物において的確に分別しています。ここからも彼女の能力・資質の高さが再確認できます。

十六 「決死隊」巡回慰安婦

長井軍曹は春子と梅子に、二人が「一番元気そう」なので、部隊本部の安全な「県城」を出て、十カ所の分遣隊を三日ずつ巡回することを打診しました（一八六〜一九一頁）。それは「一月ばかり、弾丸が飛んできたり、敵が襲ってくるかもしれないところを旅行」するので「決死隊」のようだと説明しました。

この巡回慰安婦についても批判されていますが、ここに記された過程から、その慰安婦は見込まれて選抜されたことが分かります。危険地帯に入るために不満を抱く反抗的な者、従順だが臨機応変の能力が不足する者などは不適格です。率いる兵士自身の生死に関わるので、士気も能力も高い者を選抜しなければならないからです。

金春子は「一たんは断ろうと思った」が、「しかし、考えなおし」ました。彼女は次のように自覚していたからです。

私たちは、芸妓や、女郎とは違うのだ。兵隊さんを慰安する目的で、朝鮮から連れてこられた愛国奉仕隊員なのである。

たとえ生命が危険なことがあっても、断るのは間違っている。兵隊さんが、本部から前線へ行く、命令が出たとき、断ることができるだろうか。

そして彼女は「決死隊」員となることに応じました。すると、長井軍曹は彼女にピストルを渡し、敵が攻撃してきたらそれで応戦し、最後の一発は「耳のところにあててひき金をひ」けと指示しました。彼女が「まあ、怖い」と言うと、「怖くても仕方ない。そう思った時はあの世に行ける。おまえたちは、皆、やまとなでしこなのだから、もしもの時も敵の捕虜になるわけにはいかないのだよ」と言われました（これは婦道の懐剣に通じます）。彼女が「そうね。捕虜になったら、くにのお父さんやお母さんは、憲兵隊にひっぱられるんでしょう」と言うと、長井軍曹は「そうだよ」と答えました。彼女にとっての「くに（国）」は、まず生国の故郷であることが、ここからも分かります。

確かに、それは連座にも繋がります。その圧力もありましたが、金春子には覚悟を決めるだけの勇気や気概があったことこそ重要です。だからこそ、ピストルが渡されたのです。連座の圧力があっても、鬱屈した憤懣が暴発し自暴自棄でピストルを日本兵に向ける危険性はあります。ですから、ピストルを持てたことは、彼女が極めて信頼されていたことの証しとなるのです。

なお、朴裕河は「銃を撃つ方法」を「習った」慰安婦について述べています（『帝国の慰安婦』七二頁。以下同様）。彼女は「原文の意味が不明確。組み立ての補助作業か」と注記していますが、私は文字通りで、戦友として信頼されていたためと考えます。

その夜、「おかあちゃん」は「無事の生還」を祈り、「天理教の神様に、有難いお経を上げてくれ」

ました。こうして金春子たちは出発しました。長井軍曹は、分遣隊は敵が多勢で守り切れなければ玉砕、逃げれば銃殺、降伏して捕虜になると、捕虜の交換で戻されたときに銃殺で、重傷で気を失っているうちに捕虜になったなど「特別の理由」があっても「うんと運がよくて陸軍刑務所行きだ。恐ろしいところだぞ」などと説明し、「だから、おまえたちが行って、うんとかわいがってやってもらいたいんだ」と言いました。金春子は「うん、分かったよ。あたいたち、うんとサーピス（ママ）しちゃうよ」と応じました（一九八〜一九九頁）。

十七　「楽しい慰問ピクニック」

「楽しい慰問ピクニック」もまた美化でも誇張でもなく、金春子の率直な表現です。危険ななかでも楽しめる強靭さが再確認できます。

彼女たちは移動の途中で小休止しました。その情景が次のように書かれています（二〇〇頁以降）。

私たちは車を下りた。同乗の兵隊のうち、一人だけが、銃を構えて見張りに立った。後のものは皆、石ころの川原に足を投げ出した。

春の陽は眠いように暖かい。

兵隊たちも、女連れで、こうして部隊本部と離れての旅をしていると気分的に華やぐのであろう。

ごろりと寝そべりながら一人が言った。

「いい気分だなあ。内地を思い出すぜ」

「うん、しかし、おれは内地でもこんな楽しいことは無かった気がするなあ。おれは朝から晩まで百姓仕事しなきゃならなかったし、女の友達なんか誰一人いなかったからなあ」

「女の友達がいても、一緒に手をつないで散歩でもしてみろ、すぐお巡りに取っ捕まちわあ」

それを金春子たちは聞きながら、次のように考え、振る舞いました。


私たちのワンピースからは、白い肢がむき出しになっている。兵隊さんの目が喰い入るように吸いついている。でも、私たちはその肢を隠そうと考えなかった。見ることによって、兵隊さんが楽しめるなら、それでいいじゃないか。見られたって、触れたって、決して減るもんでもないんだし……それにこうして兵隊さんを喜ばすことが私たちの最大の仕事なんだから。

兵隊が見て喜ぶことで金春子も喜んでいます。このような相互関係から、まさに「女は己を見て悦ぶ者のために化粧する」を思わされます。それでも、移動中は慰安所ではありませんから、護衛の兵士は見るだけで、性的接触にまで及んでいません。軍規・軍紀が保たれていたことが分かります（第七章の七も参照）。

なお「女の友達がいても、一緒に手をつないで散歩でもしてみろ、すぐお巡りに取っ捕まちわあ」について、戦後、一九六〇年代でも、地方都市・群馬県の桐生では、若い男女が手をつないで散歩することなど、私は見たことがありませんでした。夫婦でも、妻は夫の後ろで子供といっしょに歩いていました（私の両親も同様）。ましてや戦中の農村ですから、「お巡りに取っ捕まちわあ」とは決して過言ではありません。このような若者にとって、若い女性が同道する「旅」では気分が「華や」いで当然であり、これを感じて金春子たちもそうなります。このようにお互いに交感しあうことができたのであり、まさに「楽しい慰問ピクニック」のひとときであったのです。

十八　分遣隊

分遣隊では「本部や、中隊で見るような固苦しいところは何もな」く、「どこか、一家族のような和気あいあいとしたところがある」と金春子は感じました（二〇四〜二〇六頁）。

そして「私たちは二つならんだベッドの間に毛布をたらしてカーテンにし」ました。そして、彼女は「クリームはとてもいい匂いがする。それが、どんなに兵隊さんに喜ばれるか、私たちはよく知っているのである。どの兵隊さんもクリームのすりこまれた女の肌に鼻をこすりつけ、『ああ、女の匂いがする。おふくろや姉さんの匂いだ』と、まるで泣きそうな顔をして喜ぶ」と思いながら準備する。これはとても重要です。繰り返しますが「おふくろや姉さんの匂い」は近親相姦ではありません。それは、兵士が慰安婦を性欲の充足の手段としか考えているのでもないことを示しています。兵士は何よりも家族のように安心して親密で暖かな人間関係を求めているのです。

母子一体（胎児期）、母子密着（乳児期）、母子分離（幼児期・エディプス期）を経て、母への愛着が出会った他者への恋愛へと発達が進みます。愛は同じですが、この内実が変わり、その過程で性的な要素が加わります。このようにして人間は母から自律しますが、愛は保持されます。愛が発達し、重層的になるのです。信愛、情愛、恋愛、性愛などの重層的な愛を、つかの間ですが慰安婦は兵士に体感させるのです。

分遣隊の隊長は「東京の有名なお菓子屋の一人息子」で、「ケイオー大学を出て」、「日本では有名な野球の選手だったらしく」、「とてもきれいな映画女優と婚約して」いるらしいので、「女の人には絶対に触れない」ということです（二一二〜二一四頁）。このような軍人がいたことは、私も聞いたことがあります。

そして、金春子は「私たち二人とも、この若い美男子の隊長さんに、一眼惚れしてしまったらしい」と述べます。少女が美少年やアイドルにお熱を上げるようなものでしょう。慰安婦であっても、このように純朴な心を保ち続けていたのです。

敵襲もなく「楽しい慰問ピクニック」が続いていたことがうかがえます。

十九　河南の戦闘

河南は第七章で取りあげる田村の「蝗」や劉の「温故一九四二」で書かれた戦場でもあります。真珠湾攻撃・対米英開戦でも、金春子のところでは「一年以上、平凡な日々が続いた」のですが、戦死者が次第に多くなってきました（二二五〜二二六頁）。そして「いつか分からぬ間に、まるで水が大地にしみこむように八路軍が強くなっている」と彼女は察知します。これは方面軍参謀長大城戸三治中将の「敵の出方を簡単にいうと、蓋をあけてみたら赤くなっていた」という回想や田村の記述に符合しており、的確な認識です（防衛庁防衛研修所戦史室『戦史叢書一号作戦（1）河南の会戦』七四〜七五頁）。なお、「赤」は共産党を指し、本書第六章の中国共産党の地下工作という「赤・紅の意味」を参照してください。

他方「日本から補充でやってくる兵隊に若い現役兵が少なく」、「三十すぎの年よりが、未教育の補充兵としてやって」きて、戦死するのは「大概、戦地にやってきたばかりの兵隊が多かった」という状況です。軍隊の質が低下してきたのです。それは兵力だけでなく、軍規・軍紀においても現れていました。金春子は「あちこちの転属兵のよせ集めに、未教育の補充老兵で構成されている部隊である。／その上、ここへ来てから、近隣の討伐行で、変な度胸だけはついているが、悪いことは覚え放題覚えてしまった連中である。要領だけがすべてと心得て、古兵風を吹かせている」と観察します（二三四頁）。「軍人は要領を以て本分とすべし」（軍人勅諭第一条のもじり）という心性の悪質さが端的に表現されています。これは戦陣訓の「生きて虜囚の辱を受けず」を真剣に受けとめた勇敢で有能な将兵が次々に玉砕したことと裏腹で、逆選抜の所産でもありました。真面目で勇敢な者が戦死し、要領がいい卑怯な者が生き延びたのです。

そのような兵士は「ふだん下級兵をぶん殴ってい」ました。危険な最前線によく分からない新兵をずる賢く差し向けて人間の盾や囮にして、しかも基地ではいじめるのです。まことに内弁慶よりも悪質です。

ところが、彼らが下士官や将校に「ピーン、ピーンと、はげしくビンタをはられ」るように変化しました。古参兵は「きさま、これで、大決戦ができると思うか。今度はそのへんの討伐とは違うんだぞ」と怒鳴られ、「足蹴にされたり、ぶっとばされたり」しました。このような綱紀粛正は、岡村寧次大将による「焼くな、犯すな、殺すな」という三戒遵守の具体的な現れと言えます。

これが効果をあげたのは、まだ日本軍が全体としては弛緩していなかったからです。その具体例として、西原一策少将と下士官の佐藤弘について『慰安婦と兵士の愛と死』第四章で述べています。

そして「黄河沿岸の中共八路軍に対しての大討伐作戦」が開始されました（『女の兵器』二三五頁）。河北や河南は国民党の勢力圏ですが、共産党が深く広く浸透していたため、これに対して「大討伐作戦」を遂行したと言えます。他方、持久戦を戦略とする共産党は兵力温存のために「最精鋭部隊」を陝西省西安地区に集中させつつ日本軍と内通しました。もちろん、金春子は内通など分からないので、表面に現れた「大討伐作戦」を書いているだけです。

二十　愛と死 ― 幸いなサバイバー（幸存者）の代弁 ―

中村上等兵と慰安婦の美代子が逃亡しましたが、捕まり処刑されました（二二七頁以降）。これを知りつつ金春子たちは「大討伐作戦」で進み続けます。

しかし、中国軍に襲撃されます。この中で、それまで「女に触れ」てこなかった長井軍曹が、「おれたちは生き抜いていきたいのだ」と語り、金春子を抱きます。軍紀で己を律していたのですが、まさに死が迫る中で愛を求めたと言えるでしょう。
その後の二人について述べられていませんが、金春子は幸いにも「生き抜」き、このドキュメンタリーを著しました。これは、たとえ少数であろうとも、兵士とともに戦い、愛しあった慰安婦たちの代弁にもなっています。それが可能な潜在力《ポテンシャリティ》が『女の兵器』にはあります。

二十一　深い存在意義

（一）〝乳房再教育〟

金春子の前向きの生き方を通して、慰安婦の存在意義の理解を深めることができます。そのために、まず山下大将の「乳房教育」を取りあげます。山下奉文大将は「敗軍の将」を自覚しつつ獄中で森田正覚に語る中で「義務の履行」、「倫理性」、「科学教育」、「女子の教育」について述べ、次のように結びました（森田『ロスパニオス刑場の流星群』四三～四四頁）。

母は子供の生命を保持することを考えるだけでは十分ではないのであります。彼が大人となったとき自己の生命を保持し、あらゆる環境に耐え忍び、平和を好み、協調を愛し、人類に寄与する強い意志をもった人間に育成しなければならないのであります。

皆さんが子供に乳房を哺ませたときの幸福の恍惚感を単なる動物的感情に止めることなく、更に智的な高貴な感情にまで高めなければなりません。母親の体内を駆け回る愛情は乳房からこんこんと乳児の体内に移入されるでありましょう。将来の教育の根元的なものは母親の乳房のなかに未分化の状態として溶解存在しなければなりません。幼児に対する細心の注意はことごとく教育の本源でなければなりません。撓まざる母の技巧は、より高次な教育的技術にまで進展するでしょう。こんな言葉が適否かどうか教育専門家でない私にはわかりませんが、私はこれを「乳房教育」とでもいいたいのであります。

どうかこの解りきった単純にして平凡な言葉を皆さんの心の中に止めてくださいますように、これが皆さんの子供を奪った私の最後の言葉であります。

母の乳房に対応するのは乳幼児の口唇です。フロイトやエリクソンを踏まえた精神分析的発達論では乳児期が口唇期と規定されているのは、このためです。山下大将は彼らに言及していませんが、同じレベルの認識に到達していたと私は考えます。「母親の体内を駆け回る愛情は乳房からこんこんと乳児の体内に移入される」ところは「口唇」です。李佳炯が重篤なマラリアから薬なしに回復できたのも、母の乳房を思い出しながら恩京の乳房をなでまわし、吸えたからです。

関連して、千田が紹介した「負傷兵を無料で」「慰めた」という慰安婦をあげることもできます（『従軍慰安婦　正篇』二一一頁）。

さらに、母の存在の大きさについていえば、小野田寛郎は「戦場で散って行った兵士たちのだれひとりとして、『お父さん』と」いわず、「いまわの際に無意識に出る」のが「お母さん」だと「母の位置」の大きさを述べています（『子どもは風の子、自然の子――「ジャングルおじさん」の自然流子育て』二一六頁）。やはりここから「いまわの際」の前から引き返すのに最も有効なのは母だということが分かります。やはり「乳房教育」の意義が再確認できます。

これらを踏まえれば山下大将の「教育の根元的なもの」や「教育の本源」は正に現実に立脚していることが分かります。「根元」や「本源」を論じていても、それはレベルの低い哲学者が往々にして弄ぶ空論ではなく、実戦・実践に立脚しています。

また「動物的感情に止めることなく、更に智的な高貴な感情にまで高めなければなりません」ということは、生・性の本能であるエロスが小児性欲から愛（エリクソンでは若い成人期）、ケア（成人期）、叡智（老年期）へと発達するプロセスに照応しています。認識は同じレベルなので、それは偶然ではありません。

ですから「乳房教育」が「平和を好み、協調を愛し、人類に寄与する強い意志をもった人間」の「育成」へと展開されるのは詭弁ではありません。愛が発達したケアは博愛に通じます。この点で、日本軍は、近代化を目指す中国革命の支援で、西洋の覇道に対する東洋の王道の大アジア主義に則り、アジアの解放のために戦ったという要素を軽視してはなりません。提起したのが軍人という理由だけで「乳房教育」や「平和」を切り捨ててはならないのです。確かに、山下大将の軍人としての存在は歴史的に制約されています。日本が大日本帝国として西洋列強の覇道を追ったことも忘れてはなりません。それらを十分に認識した上で、山下大将が死を前にして提起した「平和」のための「乳房教育」の意義を熟考することが重要なのです。

（二）「聖婚」と「神聖娼婦」

前項に立脚して「聖婚（神聖娼婦、神殿娼婦）」へと考察を進めます。これは古代メソポタミアなどにあり、神殿の奥まで入ることを許された者に与えられた恩賞と考えられます。そのような者には武勲の大きな戦士もいたでしょう。古代イスラエルのダビデ王が祭司に「いつものことですが、出陣するときは女は遠ざけています。従者たちは身を清めています」と述べたことも（聖書「サムエル記・上」二一章六節）、この脈絡で考えれば、その後、凱旋した戦士には「聖婚」が下賜されたと推論できます。当然、歴史的制約がありますが、やらねばならぬ戦争に対して「身を清めて」臨み、非人間的な暴力の中でも人間性を保とうとする意識が認められます。なお日本でも、武将は女性ではなく寵童を伴って戦場に臨み、しかもリビドーが最も活発な若者を指揮しなければなりませんでした。

関連して「神聖娼婦」の観点からウィリアム・シェイクスピアの文学を象徴する〝To be, or not to be〟の直後の〝Get thee to a nunnery!〟について考えてみましょう。これは、宮廷を舞台にした不条理な人間社会と闘うハムレットがオフィーリアに向かって言い放ったセリフです。当時、尼僧院の中には売春が行われているところもあり、隠語で〝nunnery〟は売春宿（淫売屋）を指しました。

ただし、そこに「神殿娼婦」の要素もあることを軽視してはならないと、私は考えます。ハムレットはオフィーリアに単に「世を捨てろ」と、あるいは「売春婦」になれと告げただけでなく、「神聖娼婦」として自分を聖化しろと勧めたとも読めます。華麗でも内実は欺瞞や偽善で腐りきった貴婦人よりも「神殿娼婦」の方がはるかに崇高です。第二章で紹介した「ソ連機の空襲に対するおそれも強ま」る状況下で「陸軍病院へ、国防婦人会員として、臨時の看護婦の働きをしたのは」「一般の日本女性たちからは、一段低い存在として、さげすみの眼でみられ」ていた「軍の慰安婦をはじめ、酌婦や、カフェーの女給たちばかりだった」という記録を想いつつ、狂的なまでに象徴的で詩的なセリフに秘められたハムレットとオフィーリアの愛と死を熟読すると、シェークスピア文学をより豊かに玩味できるのではないでしょうか。

なお『リチャード二世』では、終身追放刑を宣告されたノーフォーク公モーブレーが「イギリスの国語を、いま私は捨てねばなりません。／私の舌はもはや無用の長物となりはてました。（中略）陛下は無言の死を宣告されたのです。私の舌から／使い覚えた母国語を吐く息を奪われたのですから」と訴えています（三八～三九頁）。また『テンペスト』では、かつて王様でしたが奴隷にされたキャリバンが、謀略的に自分を奴隷にし、代わりに支配者となったプロスペローが教えた、つまり支配服従のために教え込んだ言葉を逆手にとって反抗の手段にするところがあります（三七～四〇頁）。このようにシェイクスピアは言語の問題を鋭く深く考えていたのであり、先の〝nunnery〟に関する考察もうがち過ぎではないでしょう。

この脈絡で危険な巡回慰安婦まで引き受けた金春子を考えれば、彼女は「本源」において「神聖娼婦」の役割を果たし、兵士を〝乳房再教育〟による信愛を改めて体感させ、非人間的な戦場でなお人間性を保てるようにしたと認識できるのです。これは、伊藤が「従軍看護婦を白衣の天使と美称したが、戦場慰安婦は、素肌の天使、ということになろう」と記していることに通じます。

無論、金春子は聖女ではありません。彼女は生身の人間として憤慨し、罵倒する中で嘘をつく時もありました。彼女は、兵隊が「公用外出で天津へ行ったら、日本の芸妓を抱きたい」と「ぬけぬけとしゃべった」のを聞き、「癪に障った」ので、次のように啖呵を切りました（二〇八頁以降）。


「私たちは愛国の奉仕隊で、ちゃんと兵隊さんと同じ赤紙をもらって来てるんだ」

……ただしこれは私のでまかせの嘘であった。

「……それにくらべて、日本の芸妓は、皆、金稼ぎに来てるんだ。兵隊さんを喜ばすより、その懐のお金を洗いざらい持って行こうとしか考えていないだ」


そして、彼女は「スカートを大きくまくり上げ」て、「みんな見ておくれ、きれいだと思うかい」、「この体、日本人とところちがうか」と言い放ちました。彼女は「感情が迫ってくると、日本語が上手にしゃべれなくなる。二人とも天津の芸妓の話が出たとたん、なぜか急に感情が激した」というのです。梅子も「日本人と同じ米の飯食べてるんだ。日本人と同じ天子様が朝鮮をおさめているんだ。どこもちがわないね」と同調しました。

これに留意した上で、金春子は兵士たちに「神聖娼婦」として〝乳房再教育〟を実践したと考えるのです。

第五章　田村の「肉体文学」

一　朝鮮人慰安婦への「泣きたいやうな慕情」と日本女性への「復讐」心

まず、田村が朝鮮人慰安婦について、どのように想っていたのか述べていきます。

田村は『春婦傳』銀座出版社版（一九四七年）の「序」で「戦争の間、大陸奥地に配置せられた私たち下級兵士たちと一緒に、日本軍の将校やその情婦たちである後方の日本の娼婦たちから軽蔑されながら、銃火のなかに生き、その青春と肉体を亡ぼし去った娘子軍はどれたけ多数にのぼるだらう。日本の女たちは前線にも出て来られないくせに、将校とぐるになつて、私たち下級兵士を軽蔑した。私は彼女たち娘子軍への泣きたいやうな慕情と、日本の女たちへの復讐的な気持で、これを書いた」と述べています。つまり、戦地という死と隣り合わせの限界状況に置かれ、その上、将校と、それを相手にした日本人慰安婦から「軽蔑」されたという共通の立場から、田村は朝鮮人慰安婦に「泣きたいやうな慕情」を抱いていたのです。そして第七章で取りあげる「蝗」では原田を通して「同族意識」について述べています。これは朴のいう「同志」に通じます。

ところが、GHQは「春婦傳」に民族差別の表現があると見なしました。それは誤りで、尾西康充は「解題」で検閲を批判し、「原文の冒頭にあった『この一編を、戦争間大陸奥地に配置せられた日本軍下級兵士たちの慰安のため、日本女性が恐怖と軽侮とで近づかうとしなかつた、あらゆる最前線に挺身し、その青春と肉体とを亡ぼし去つた数万の朝鮮娘子軍にささぐ』という作者の言葉も伝えれることなく読み続けられてきたのであった」と指摘します（『田村泰次郎選集』第二巻、三六〇頁）。続けて尾西は「今日の人権意識からすれば、植民地支配を受けていた人々に対する不当な差別表現は許されるものではない」と述べています。確かに、田村の文章に「不当な差別表現」があるとすれば、それは歴史的制約のためです。その上で「肉体」の原初的なエネルギーの表出の表現として重視することも重要です。

ここで検閲について検討したのは、田村を誤読・誤解しないようにするためで、より詳しくは尾西の『田村泰次郎選集』第二巻の「解題」や資料を参考にしてください。

また、この点に注意を喚起するのは、それがＧＨＱの時代だけでないからです。その一例として池田恵理子の「田村泰次郎が描いた戦場の性——山西省・日本軍支配下の買春と強姦」がありますが、これは『慰安婦と日本兵の愛と死』で批判しています。

二 「肉体文学」のリアルな深み

田村は「肉体の悪魔」や「肉体の門」により「肉体文学」と評されているため、この「肉体」についても、やはり誤読・誤解しないように説明を加えて起きます。確かにそれらには性的な表現がありますが、いわゆる官能小説ではありません。田村は人間は性欲のある「肉体」から逃れようがないが、それを超える愛を求める者でもあると捉えています。そこには、フロイト〜エリクソン的な精神分析的発達論に通じるところがあります。

肉体において性器は排泄器官と近接・密接し、臭気を発します。そのため性には不潔感、嫌悪感が付きまといます。第二次性徴が始まったばかりで、まだ性的に未熟ですが、性に興味をもちはじめた思春期の子供は、たいてい性を不潔と感じ、嫌悪するものです（性別を問わず）。しかし同時に、愛が発達し、それが性への不潔感、嫌悪感を凌ぐようになります。例えば〝性なんていやだけれど、あなた／おまえなら、いい〞というように。

ですから、愛のない性慾だけの充足では、事後に不潔感が湧き上がり、それに伴い相手を嫌悪するようになります。不特定多数と性行為を繰り返す者に対してはなおさらです。しかし、愛はそれをも乗り越えられます。だからこそ慰安婦と日本兵の間に愛が生まれ、育ち得たのです。田村の「肉体文学」はこれに迫っており、その意味で深くてリアルです。つまり、田村の「肉体文学」は肉体を徹底的に追究し、突き抜け、超える文学ということができます。

ただし、出会いがなく、愛を得られないため、不潔感、嫌悪感がトラウマとなっている者もいることをも認識しなければなりません。それでも、老年期になっても「恨」を叫び続けることは、その解決になりません。むしろ、ライフサイクルを「完結」する「統合性」（エリクソン）という発達を妨げます。当然「支援」の名目で「恨」を叫ばせ続けることは極めて悪質な問題です。

三　「デフォルマション」の傾向

田村に関しても批判が求められ、ここでは彼自身のいう「デフォルマション」について述べます。田村の「デフォルマション」には一定の傾向があるからです。それは日本軍への批判と中国共産党の過大評価です。これは張玉芝（朱愛春）への愛慾と同調しています。確かに、八路軍や抗日大学（抗大）などの「幻想」を認識していますが、基調は高い評価であり、その現実と比べると過大評価と言わざるを得ません。この点は「肉体の悪魔」や「檻」の考察でも論じます。

同様のような傾向は、日本の知識人や文化人の多くにもあり、戦後の大勢・主流の見解と言えます。しかも批判を見せながら大勢・主流に身を置くことができるので、〝要領〟のいい者にとって極めて好都合です。確かに日本軍に問題はありました。また中国共産党は国共内戦（抗日戦争ではない）で勝利し、政権を奪取し、最終的な勝者となりました。だが、それに追随しては、文学的にも、研究としても、意味がありません。

しかも、その勝利は果たして中国共産党のいうとおり人民の「解放」だったのでしょうか？　中華人民共和国成立後の一党独裁において繰り返される巨大な暴力（反革命鎮圧運動、反右派闘争、大躍進、文化大革命、天安門事件など）を知ると、戦中の暴力が尚更であったと考えて当然です。だからこそ、田村に限らず、日本軍批判と中国共産党過大評価の傾向について批判しなければならないのです。

以上を踏まえて「肉体文学」に即して慰安婦と兵士の愛と死について述べていきます。まず「春婦傳」をとりあげます。

なお、これからは引用が多くなるので、煩を避けるため引用頁は省略します。短篇・中篇であるため、当該部分の確認は容易である一方、版が多いので、一つの版の頁に限定し内容がよいと判断しました。

第六章　春美と三上

一「ピイ、ピイって、馬鹿にするか。天皇陛下がそれいうか。同じぞ」

「春婦傳」では「春美」という源氏名の朝鮮人慰安婦と日本兵の愛と鮮烈な自爆（心中）が描かれています。春美は人気者でした。

彼女は「曹長」と寝ていましたが、「中尉」で「大隊の副官」が乱暴に押しかけました。当然「曹長」は退散します。

しかし、晴美は「あたしはあんたと遊ばない」と拒否します。すると、「中尉」は「馬鹿野郎、ピイの分際でなにをいうか」と迫ります。これに対して彼女は「もうなにがなんだかわからないほど怒りで頭が燃え、身体がふるえ」て「ピイ、ピイって、馬鹿にするか。天皇陛下がそれいうか。同じぞ」と言い返します。田村は、このような発言は効果的で、朝鮮人慰安婦たちが「あらゆるとき、あらゆる場所で、なんど日本人に対して、この言葉を用いてきたろう。これは一つの民族的な逆手のようなものでさえあった。これをいえばたいていの日本人は黙ってしまうのだった」と書いています。

これは先述したキャリバンのプロスペローへの反論と相似しています。

先述した金春子の「日本人と同じ天子様が朝鮮をおさめているんだ。どこもちがわないね」も、これに通底しています（他にも例があり、『慰安婦と日本兵の愛と死』参照）。

当時「天皇陛下」という一声は絶対的な効果を発揮しました。たとえ朝鮮人慰安婦であっても、彼女が「天皇陛下」を口にしたら、日本人兵士は厳粛にならざるを得ませんでした。それを耳にした瞬間、立っていれば直立不動の姿勢をとり、座していれば座布団から離れ威儀を正さねばなりませんでした。これは軍だけでなく日常生活でも同様でした。戦後でも、私は子供時代に、大人がこのように話すのを側聞したことがあます。それほど効力が強かったと言えます。

しかし、軍紀が弛緩していれば、そうではありません。この中尉・副官は厳粛になるどころか、「こいつ、陛下のことをいうか、お前らのようなけがれた奴らが、そんなことをいって、いいのか」と言い返し、性交を強制（売買春＋強姦）しました。「神聖ニシテ侵スヘカラス」と真剣に崇敬している者が、慾情に駆られながら「陛下」と口にする彼の所業を知れば厳重な制裁を加えるでしょう。まことに中尉・副官は天皇を利用して威張るだけでした。

このような士官の下では、下士官や兵士が「要領を以て本分とすべし」となって当然と言えます。

二　自爆の心中

三上上等兵は「副官」の「伝令」でした。とてもまじめで、周囲から「馬鹿正直」と評されていました。ところが、彼は晴美に迫られ「秘密の情人」となります。春美は信愛を求めていたと言えます。

中尉・副官は晴美に横恋慕しますが、彼女は三上を選びます。乱暴で慾望が強いだけでなく、天皇を利用して威張り散らすような人間は信頼できません。晴美は階級は地位ではなく正直であることを選択したのです。

ところが三上は八路軍の襲撃で負傷し、捕虜となり、晴美は付き添います。彼は治療を受け、帰るか帰らないか問われると、やはり「馬鹿正直」に「帰る」と答えます。そして、住民が担ぐ戸板に載せられて送り返され、晴美も付き添って戻ります。なお、このように両軍は対峙し、小競り合いを起こしますが、慰安婦など民間人は行き来できるというところに日本軍と中国共産党の特殊な関係（指導部の内通による）がうかがえます。

戻された三上は留置所に収容されます。この処遇に彼は衝撃を受けます。彼は脱出するためだと言って晴美に手榴弾を求めます。実は脱出ではなく、自分が卑怯者ではないことを示すために手榴弾で自殺しようと考えたのです。

春美が手榴弾を手に入れ、持って来ます。実行しようとするとき、三上は春美を巻き添えにしないように「突きとばﾞ」します。しかし、春美は「あたしも死ぬ」といって「しっかりと男の肩をつか」みます。正に、その時、春美は三上の「瞳に、はげしい苦痛と、恐怖と、それとまったく反対の歓喜の光が、かっとかがやくのを見」るのです。

そして、田村は次のように続けます。

服従し、服従し、服従してきた者が、肉体と生命を賭けて、最後に示す圧迫者への不信だった。その二、三秒のあいだが、なんとながく感じられたことだろう。彼女のこれまでの生涯のなかで、こんなに充実した時間を経験したことはなかった。男の瞳をみつめて、彼女は恍惚境のなかにじっとひたっていた。

そして、手榴弾が「轟然と」爆発し「二人の心臓は裂け飛」び、「身体は互いの鮮血に染ま」り、倒れ、その「紅い血がしずかに」流れました。このように表明された「圧迫者への不信」は抑圧への抵抗であり、春美が「恍惚境」に到れたのは「歓喜」する三上と一体化できたからです。その「二、三秒のあいだ」に二人の愛と死が凝縮されています。それが「なんとながく感じられた」ということは、西田哲学でいう「永遠の今」に他なりません（「教育学について」二八九頁）。

ただし、このような爆死の心境を聞くことはできないため、それは田村の想像・創造と読者である私の想像と他の資料との比較考察に基づく推論によりますが、少なくともその可能性は否定できません。朴裕河も「慰安婦に対する愛情問題で自殺騒動を起こした軍人の話も証言集に出てくるのだから、あり得ることだったろう」と述べています（『帝国の慰安婦』八〇頁）。雲南の戦場では手榴弾により心中したと思われる兵士と慰安婦がいました（『慰安婦と兵士の愛と死』第三章）。これらは、田村の描写に文学的リアリティを認めることの補強となります。

三　将校における虚飾や嫉妬と逆選抜による実力の低下

「週番士官」の「見習士官」は「熱情あふれた」声で三上を「日本一の大馬鹿者」、「不忠不義」と非難して隊員に訓戒を垂れます（これはつかこうへいの描いた鬼塚の訓戒と類比）。だが、兵士たちは「漠然とした不信」を「肉体」で感じ、「三上が勇敢な兵隊」で、「春美がいいからだをしたこの県城第一の美女であったことに、はじめて気づき、なにかうしないものをしたような頼りなさを覚え」ました。それでも、彼女が「火葬にされ、本名も知られぬままに、この辺土に消え、その灰は黄塵のなかにまじって散り去ってしまった運命について」思い及ぶ者はいませんでした。

また、三上は「部隊の名誉を重んずる大隊長の意図」により「負傷箇所の化膿による急性肺炎で病死」とされました。「名誉」を名目に真相を隠蔽したのであり、虚飾です。これは実力にも影響します。このような大隊長ですから、既述した中尉・副官がおり、その下だからこそ、見習士官がいくら「熱情あふれる」訓戒を垂れても、これ対して兵士たちは「漠然とした不信」を抱くのです。

そして中尉・副官は「春美の豊満な肉体を思いだして、三上真吉という兵隊に死んでも憎悪がすこしも減らないのを感じて」いました。これは嫉妬で、私情です。確かに、誰もが多かれ少なかれ嫉妬する時があります。しかし、これをコントロールするのが責任ある社会人です。それができないのは精神が弱いからです。将校になるほどの者が、このように弱くなるのは、その地位でわがままになり、自分をコントロールできなくなったからと言えます。そして、自分をコントロールできないものが、戦場で組織を的確にコントロールできるはずはありません。

このような力量で副官となったのは逆選抜の帰結であり、彼の指揮では実力が低くなって当然です。即ち、正直者たちが死に、虚偽と野蛮で狡賢い者が生きのび、これにより「正直者が馬鹿を見る」、「軍人は要領を以て本分とすべし」という心性が水面下で広がり、実力・兵力は低下します。

このように虚飾と逆選抜により軍紀は弛緩し、兵士は「いいからだ」、「豊満な肉体」に想いを馳せます。愛は全く省みられておらず、肉慾に囚われているので精神は荒廃しています。そのような集団では正直者は生き難く、生きたくもなくなります。晴美は大隊の副官に気に入られ、妾になり、利権を得て自分が抱え主になれば、物質的には豊かな生活を得られたでしょうが、そうしなく、まじめな三上を選びました。信愛に生き、死んだと言えるでしょう。

四　赤・紅の意味――「中共の民兵作戦」＝人民戦争――

「春婦傳」の結びでは「夾竹桃の赤い色」が「紅い、どこまでも紅い」という情景が描写されています。「赤」ではない「紅」は自爆心中した二人の血にも使われていました。作家がこのように繰り返すところには、当然、深長なメッセージが込められています。

尾西は「旧日本軍に抑圧支配されたアジアの人民解放を求めるシンボルとして〈紅〉という色彩が印象的に使われた」と評します（『田村泰次郎の戦争文学――中国山西省での従軍体験から』二〇六頁）。実際、中国共産党の軍隊は「紅軍」と称され、赤旗は中国語で「紅旗」です。

そして、田村は「中共の民兵作戦」の強さについて、以下のように述べています。

情報係の報告ではすくなくも二箇団の優秀な兵力が、敵の根拠地である平山県方面より虎陀河をこえて、移動してきているらしい。日本軍にはわからなかったのである。土地の住民を訓練しておいて、襲撃の際は基幹となる正規兵力が根拠地を出発して目標地点に近づくにしたがって、兵力が雪だるま式に増加し、そのあつまった全力で日本軍の拠点を強打し、おわればまたつぎつぎとそれぞれ村に帰って、翌日はなに喰わぬ顔で鍬を持って畑に出ているという中共の民兵作戦の実体が、その一斑さえもまだわからなかったのである。これならば、どのような大兵力でも、一夜のうちに集結出来るのだった。日本軍はまさか自分の膝元の土地の住民が、そんなように組織的に武装化されているとは、気づかなかった。

実際「平山《ピンシャン》」は河北省南西部に位置し、虎陀（滹沱）河は山西省から太行山脈を越えて河北平野に流れています。太行山は中国共産党の「根拠地」の一つでした。田村は「民兵作戦」と表現していますが、これは「人民戦争」です。戦後、一九六五年八月、国防部長の林彪が発表した「人民戦争の勝利万歳」が参考になります（日本語訳は『世界週報』一九六五年九月二八日、十月五日号など）。

この「民兵作戦」／「人民戦争」について、ビアンコは次のように述べています（『中国革命の起源』一九三頁）。

人々が二つの政府に従属することも起こった。昼間の政府と夜間の政府にである。彼らは、夜、パルチザンたちのために掘った塹壕を、日本人の命令で昼間うずめた。アルジェリアやベトナムで経験してからは、われわれにも身近なものになっている特徴を更にあげることができる。農民は二重に税金を納め、昼の支配者と夜の支配者の双方をそれぞれ相手にするための村の責任者のグループを二つ別々に組織し、また双方から仕返しを受けた。

田村の文学的リアリティがビアンコの研究により補強されます。ただし、山西では、より複雑で微妙で極めて危機的《クリティカル》でした。「政府」は二つだけでなく、毛沢東・中国共産党、閻錫山・軍閥、日本軍と三つもあったからです。

このような力関係の中で、日本軍が不利になれば、村民は離反します。たとえ山西では兵力が拮抗していても、太平洋やインド〜雲南で日本軍が敗退していれば、それを踏まえて共産党中央は判断し、宣伝・指令します。そして、離反した農民を中国共産党が吸収します。このような情勢を、田村は次のように暗喩しています。

大隊長の部屋のそとの院子には、夾竹桃の赤い色が、夏の真昼の陽のなかに枝いっぱいにひらき、虻が花から花へかすかな羽音をたてて飛びまわっていた。紅い、どこまでも紅い花の色であった。

「院子」は中庭や敷地を指します。「赤・紅」が共産党とすれば、虻は「土地の住民」、「民兵」と読むことができます。「どこまでも」続く敵に日本軍は包囲されているのですが、それに気づかなかったことが暗示されています。改めて、大城戸中将の「敵の出方を簡単にいうと、蓋をあけてみたら赤くなっていた」という地下工作を想わされ（第四章の十九）、ここでもリアリティが確認できます。文学的効果を高めると同時にＧＨＱの検閲をかいくぐった作家の力量もうかがえます。

当時は既に資本主義・自由主義と共産主義・社会主義は冷戦へと進んでおり（ジョージ・ケナンの「封じ込め」政策は代表的）、ＧＨＱはこの箇所こそ削除すべきでした。「肉体」の原初的な表現を民族差別と誤認したことと合わせて、検閲官の力量の低さが分かります。

その上で「紅」は三上と春美の流した血の色にも使われていたことに注目しましょう。それは死をも象徴しています。そして紅が「どこまでも」続くことは、三上や春美だけでなく、日本兵が次々に戦死したことを想わせます。田村は中国に残ったため生き延びましたが、彼の所属した部隊は沖縄で全滅しました。

なお「人民戦争」に関して注記しておきます。「訓練」されて「正規兵力」とともに作戦に参加する「土地の住民」＝「民兵」は非戦闘員ではありません。それ故、当然、日本軍は攻撃・反撃できます。つまり、攻撃・反撃で死傷者が出たとしても、それは「土地の住民」である「民兵」即ち戦闘員でした。確かに、補給や連絡の役割を担っていた子供、女性、老人についてはより慎重な検討が必要ですが、そのような戦争を近代において実行した中国共産党の責任こそ問われるべきです。

他方、日本軍は雲南でも、ペリリューでも、志願する慰安婦を押し止めました。それでも彼女たちは参戦したのであり、この相違を十分に認識しなければなりません。前者は『慰安婦と兵士の愛と死』第三章を参考にしてください。後者は本書第十一章で述べます。

五　〝精神の悪魔〟の追及・追究――田村を超えて――

戦後、日本軍が撤退しても、中国では共産党と国民党の内戦が起きました。共産党が勝利し、政権が樹立されても、反革命鎮圧運動、反右派闘争、大躍進、文化大革命、天安門事件などが続きました。まことに「赤・紅」い流血は「どこまでも」続いていると言えます（大躍進では餓死で血は流されなかったというのは本質の無理解）。

しかし、田村はそこまで考えていなく、むしろ中国共産党に共感しています。

この限界を認識し、超えることは後進の課題です。これは「肉体の悪魔」だけでなくプロパガンダで飾られた〝精神の悪魔〟の追及・追究にもなります。

第七章　ヒロ子と原田

一　時代背景

「蝗」（一九六四年）でも朝鮮人慰安婦と日本兵が描かれていますが、タイトルの「蝗」が重要な意味を持っています。これを理解するために、まず時代背景について述べます。

「蝗」は象徴的ですが、それは一九四二〜四三年に河南で起きた大飢饉の原因（蝗害）でもあり、まさにリアルです。この大飢饉は干害と蝗（虫）害と人災の複合的大災害によってもたらされ、人口約三千万の河南で一割（三百万人）が餓死し、もう一割が飢餓難民となりました。人災というのは、蔣介石・国民党軍が焦土作戦を繰り返し、甚だしくは黄河を各所で決壊させて環境を破壊し（戦争犯罪の人災）、このため干害が起き、それを国民党政府は無視して過酷な徴税・徴集を続け、これに蝗害が追い打ちをかけたのでした。

そして、劉震雲は「温故一九四二」でその悲惨な状況と、その中を進駐した日本軍が難民に軍糧を放出して救援することで大災害を終息させ、また農民は日本軍に協力して中国軍を武装解除したという歴史の一面を活写しました。これは中国共産党の「抗日戦争」を主とした官製の正史では排除されていますが、忘れてはならない貴重なもう一つの歴史（another history）です。悲惨な負の歴史を教訓とするとともに、日本軍が飢餓難民を救援したことは現在の平和構築、緊急人道支援の先駆として位置づけることができます。

確かに「温故一九四二」では登場人物の言動や表情などで作家のイマジネーションが駆使されていますが、基本的に史実に即しており、それはビアンコの以下の概括に符合しています（『中国革命の起源』一九九頁）。

（農民は）隊を組んで国府軍の敗残兵を襲撃し、団結して徴募係の役人どもを虐殺した。河南省では、当局の無関心、無能力、穀物の囤積《とんせき》、さらには投機のために、一九四二年から一九四三年にかけて起こった飢饉（2）が大いに悪化したので、日本人が一九四四年にこの省にふたたび（3）侵入した時、彼らにとって事はことのほか容易だった。彼らが前進してくるにつれて、農民は国民党の軍隊を襲撃し、武装解除し、時にはこれにリンチを加えたのである。（略）

注（2）未確認数字であるが、この飢饉のためにおよそ二〇〇万の死者を出したといわれる。

注（3）戦争の初期に、彼らは一度ここを占領したことがあった。

注（1）は引用文の前に関わるので省略しています。注（2）の「二〇〇万の死者」について、定説では餓死者は三〇〇万人になっています。しかし、これ以外は史実の要点が的確にまとめられていると言えます。他の参考文献は『慰安婦と日本兵の愛と死』第五章であげています。

以上を踏まえて、次に文学的リアリティを確認するために、その歴史的因果関係として河南大飢饉の諸要因と日本軍の対応について述べます。

二　歴史的因果関係

（一）蒋介石・国民党の戦争犯罪や苛政と日本軍の難民救援や持続的開発／発展

大飢饉の五年前、一九三七年、盧溝橋事件が勃発しました。夜陰の銃声の主犯は不明で、北京大学から延安に向けて「成功了（うまくいった）」と発信されました（『慰安婦と日本兵の愛と死』第一章第九節第三項などで詳論、以下同様）。

日本軍と国民党軍は収拾に努め、停戦協定が結ばれたが、廊坊事件、広安門事件、通州事件、大山事件と続き、第二次上海事変が起きました。通州事件は毛沢東が承認、あるいは毛が指示し、劉少奇が実行した謀略でした。

日本軍と国民党軍との戦闘は本格化し、国民党軍は敗走を続け、それに伴い国民党軍に追い詰められていた共産党軍は息を吹き返しました。

日本軍は上海から南京に進撃し、一二月一三日に南京を陥落させ、さらに国民党軍を追撃しました。これに対して、国民党軍は同胞の生活を全く顧慮せず各地で焦土作戦を行い、さらに一九三八年六月、黄河の各所を決壊させました（黄河決壊事件）。現在では、国民党軍の戦争犯罪が明らかになっているが、当時、蒋介石・国民党政府は、決壊は日本軍によるものだというプロパガンダを繰り返しました。しかし実際は全く逆であり、それだけでなく日本軍は救助船を百艘以上も出動させ、被災民（中国の民衆）とともに救援し、また堤防を修復し、洪水を他に流すため新たに堤防や排水路を築くなど復興に努めました。ところが、中国軍はこれに対して爆撃・銃撃しました。当然、中国人＝同胞も攻撃されました。意図的に大洪水を引き起こし、日本を冤罪に陥れるだけでなく、同胞も含む救援活動をも妨害するという多重の戦争犯罪です。これらについて、ビアンコは中国軍の特質について、日本軍と比較しつつ、次のように述べています（『中国革命の起源』一九八頁）。

一般住民に対して、徴発と略奪があまりにしばしば行われたので、農民は日本軍(1)よりも彼ら自身の軍隊(2)を更に一層憎んだ。穀物を略奪されまいとして抵抗する農民を飢えた中国兵が殺したり、日本軍の進撃を免れるために逃亡兵が村人を殺し、その衣類を自分が着込んで変装するということも起こった(3)。日本軍の進撃を鈍らせて鄭州の町を守るために、政府は一九三八年に黄河の堰を開いた。すると黄河は一世紀近く前から打ち捨てられたままになっていた古い河道を再び流れた。「思い切った（エロイーク）」決定であったが、このために、河南省東部の数十万の農民が命を失った。彼らは水に溺れ、あるいは飢えて死んだのである……。

注（1）日本軍は食べ物が良かったので、中国兵ほどには盗みをする必要がなかった。
注（2）この表現が不適当であることは言うまでもない。彼らはこの軍隊を決して自分たち

の軍隊とは考えなかった。日本軍の兵士も国民党の兵士も、外からやって来た同じ禍であるのに変りはなかった。

注（3）例えば、一九四一年の春に、河南省と山西省の省境の山岳地帯で起こった。

これに加えて苛政による「農民の困窮」も同書一一〇～一一三頁に書かれています。ただし、ビアンコは「河南省東部」と述べますが、氾濫は河南省、安徽省、江蘇省に及んでいました。また犠牲者は「数十万」に止まらず、百万人という推計もあります。ただし、確定的な数字はありません。これを理由に思考を停止してしまうのではなく、そのこと自体が民衆・農民の軽視の証拠であると考えるべきです。だからこそ民衆の生活基盤を破壊する焦土作戦（黄河決壊は水ですが広義の焦土作戦）を繰り返したのです。

その一方、日本は難民救援に止まらず、災害復興に努めました。一九四二年九月十四日、東條英機首相は皇居に「参内」し、「黄河改修」などを昭和天皇に「奏上」、「拝謁」しました（『木戸幸一日記』下巻、九八三頁）。救援や復興は一時の対外的な顕示ではなく、長期的で地道な開発／発展（development）へと結びつけられていました。これは現在の持続可能な開発／発展として評価できます。そして、先述の平和構築、緊急人道支援と繋げれば、平和構築、緊急人道支援、災害復興、さらなる持続的な開発／発展というプロセスを導き出すことができます。

（二）腐敗した苛政と日本軍の難民救援

蔣介石・国民党政府は被災民救援どころか、過大な課税、過酷な徴発・徴用を強引に押し進め、その結果、民衆はますます疲弊し、大災害は大飢饉に至りました。戦争犯罪がまた一つ増えたのです。そのため、飢餓難民救援は、外国人の宣教師たちが行っていましたが、それは焼け石に水のようでした。しかし、外国人ジャーナリストを通して悲惨な実状が海外に知られると政府は遅まきながら救援活動を始めました。ところが、腐敗した官僚機構のため実効性がないどころか、寄付金をめぐり争うような状況でした（難民に届けず横領）。かくして、大飢饉はいつ終息するか全く見通せない絶望的な状況が続いていました。

この非人道的な人災である大飢饉を終息させたのはまたもや日本軍でした。日本軍は進駐に伴い軍糧を放出して難民を救援し、それを受け取る住民は日本軍に協力し、ともに国民党軍を敗退させました。これにより飢饉が収束しただけでなく治安が回復しました。

アメリカ人ジャーナリストのセオドア・ホワイトは「仮に私が河南の農夫だったら、あれから一年後の河南の農民と同じように、祖国中国の軍隊を破ろうとする日本軍に手を貸しただろう」と述べています（『歴史の探求――個人的冒険の回想』上巻二〇一頁）。これはホワイトや河南に限りません。例えば「元軍閥の老将軍」は「（国民党軍司令官）余漢謀は苛斂誅求して民心を失っていた。住民は、日本軍は彼よりましだろうと思っている。大事にしてやってくれ」と日本軍に語りました（佐々木『大陸打通作戦――日本陸軍最後の大作戦――』一〇二頁）。なお、佐々木は日本軍に対しても「結節が多く、小回りがきかない大軍の統帥の特徴だろうが」と理解を示した上で「沖縄上陸に対応した高等統帥の鈍重さ」を批判するように、多角的で柔軟に歴史を考察しています（『大陸打通作戦』一四〇頁）。

他方、蒋介石政権を支援するアメリカでは、『タイム』誌一九四三年三月一日号の表紙に宋美齢（蒋介石の妻）の肖像が掲載されるなど、蒋・宋夫妻をヒーローに祭り上げるプロパガンダが展開されていました。百万人規模の犠牲者を出したジェノサイド的な無差別破壊（黄河決壊）作戦を黙認したどころか、人災の大飢饉までもたらした暴政をプロパガンダで助勢したのです。この問題と道義的な責任は歴史に明記して教訓としなければなりません。

さらに、このプロパガンダは日本軍の「侵略」を全面に押し出しており、そのため難民救済が正当に評価されないどころか、隠蔽され、その被害の責任まで転嫁されました。しかも、民衆が歓迎したものの、「蓋をあけてみたら赤くなっていた」という結果です（先述）。順調に進駐、緊急人道支援、平和構築、復興から統治へ進んだと思っていたら、秘かに「赤」＝共産党が勢力を拡大していたのです。これでは、侵略の非難を受け、漁夫の利はさらわれ、正に〝骨折り損のくたびれもうけ〟と言わざるを得ません。

その上、現在もなお日本の戦争責任が問われ続ける一方で、これらは歴史に埋もれたままです。米中対立でも、両国が呼応したプロパガンダと史実の隠蔽（歴史の政治的利用）が続いています。確かに、被災民・難民救援には日本軍の宣撫工作という戦略もありましたが、黄河大洪水の難民救援、復興から持続した開発・発展、軍糧供出による難民救援と大飢饉終息という史実は揺るぎません。それにも拘わらず「抗日」や「反日」のキャンペーンを押し進めるのは（米中対立では控えるようになりましたが）、イソップ寓話の「農夫と毒蛇」の如く、恩を仇で返すに等しいです（敵対したが国民党も共産党も同じ中国人）。

しかも、日本ではプロパガンダに影響され過剰な反省に陥る者さえいます。魯迅が「日本人がまじめすぎるのに、中国人がふまじめすぎるのです」と批判したことを思わされます（『魯迅全集』第九巻四五九〜四六二頁）。「まじめ」に反省するのはよいことですが、過ぎたるは及ばざるがごとしで、「反省過剰」はいけません（ヴィクトル・フランクル『神経症・Ⅰ・その理論と治療』一七一頁以降、『現代人の病 ―― 心理療法と実存哲学 ――』五八〜五九頁、セーレン・キルケゴール『死にいたる病／現代の批判』一九五〜一九六頁）。

三　中国「文化」の「蠱惑性」――高尚に見せて快楽を堪能できる腐敗した「両手に花」――

劉震雲は「温故一九四二」で飢餓のために同胞（中国人）の人身売買で娼妓とされた少女の悲惨な運命とともに、大飢饉にも拘わらず、食どころか性も貪る特権階層の腐敗を描き出しました。それは中国「文化」で粉飾され、なかなか捉えにくいのですが、三木は「蠱惑性」として剔抉しました（『三木清全集』第十六巻、五四〇〜五四三頁）。日本では、中国のイメージに儒教的倫理が大きな位置を占めていますが、それに隠れた享楽主義を見抜かねばなりません。

ところが、この享楽主義は高尚な古典、詩歌、書などで装われているので、当人に真摯な倫理性がないと、逆に取り込まれてしまいます。つまり、高尚な外見を得ると同時に、それに隠れて快楽を堪能できるのです。腐敗した「両手に花」であり、だからこそ「蠱惑」敵なのです。

そして、このような中国に日本軍は進攻したのです。「怪物と闘う者は、その過程で自らが怪物と化さぬよう心せよ。おまえが長く深淵を覗くならば、深淵もまた等しくおまえを見返すのだ」というニーチェの警句を思わされます（『善悪の彼岸』一四六節）。「朱に交われば赤くなる」を引いてもいいでしょう。従って、慰安婦はこのような中国における駐留で発案されたのであり、性的感染やスパイだけでなく、「蠱惑」的な腐敗に魅了されて堕落しないための対策であったと捉えることもできます。

これを踏まえて先述の少女について述べていきます。彼女は当時では稀な女子校生で、父は大地主でした。父は大飢饉、蒋介石政府の情け容赦ない徴税・徴発、飢餓難民の略奪、日本軍の進駐という重なる危難に迫られ財産をできるだけ持って難民とともに逃げます。そこでは悪徳商人と腐敗官僚は「災害につけ込んで私腹を肥や」し、また難民の中では「家庭を支配する者によって、支配される者が売られる」という家父長制における人身売買が横行します（『人間の条件1942』脚本、一二一場、及び小説、六二頁）。このような状況において、少女の家族は財産を奪われます。そして飢餓に迫られ、とうとう少女は父に売ってくれと願います。父は引きとめますが、最終的に同意します（『人間の条件1942』脚本、一〇一〜一〇三場、小説、六二〜七〇頁など）。

こうして、少女は娼妓にされ、最初の客（腐敗官僚）の足を洗うために腰をおろそうとしますが、できません。腐敗官僚が自分の足は汚くないというと、少女は「熱い涙をあふれさせ」て、「食べ過ぎた」ため腰をおろせないと釈明します（『人間の条件1942』脚本、一〇五場）。純潔が汚される悲嘆、屈辱、恐怖などで胸がいっぱいですが、それは客には言えません。また少女にも矜持があります。その代替として「食べ過ぎ」でおなかがいっぱいだといったと読めます。無論、「食べ過ぎ」もリアルで、その凄まじい飢餓の反作用であるとも読めます。表現はさりげないですが。その意味は重層的で深いです

〈劉震雲のいう「ご飯の問題」も参照。『人間の条件1942』「日本の読者へ」七頁〉。

ところが、その後、腐敗官僚は摘発され、見せしめのために処刑されます（『人間の条件1942』脚本、一二二場）。しかし、これは氷山の一角でした。ですから大飢饉は続きます。これを収束させたのは、腐敗せる暴政ではなく、軍糧放出で飢餓難民を救援した日本軍でした。

そして、大飢饉の中でさえ特権があれば食も性も貪れる「蠱惑」的な世界の内にあって、それに引きずり込まれないための防御法が必要でした。しかも第八章で述べるとおり中国共産党指導層の腐敗もあり、この「蠱惑性」は全般的でした。従って、その防衛のために日本軍が守る慰安所は極めて重要でした。確かに歴史的限界がありますが、慰安婦は「蠱惑」的な腐敗に陥らないための防衛的な機能を果たしていたのです。それを性慾の角度からのみ批判するのは一面的で浅薄です。〈日本軍の救援活動は他にもあり、それは『慰安婦と兵士の愛と死』第五章第四節第二項（二）②Ｄ「補論――日本人による他の救援事例――」で述べられています〉

四　「蝗」と「温故一九四二」を重ね合わせて読む――重層的な「悪魔」――

農民にとって「蝗」はまさに死をもたらす「悪魔」でした。田村も繰り返し「蝗」を述べており、それは死の影とともに「肉体の悪魔」をも想起させます。無論、戦争こそ「悪魔」の最たるものであり、「蝗」は、その中でも極めて非人道的な焦土作戦の所産です。このように「蝗」にはいくつもの「悪魔」が重層的に内包されています。

田村は因果関係を論じていませんが、大飢饉の状況には、次のように言及しています。

蝗の大群が、黄河をはさんで、河南省に、今年の春から夏にかけて、異常に多数発生した……蝗の大群が、あっちこっち移動し、そのため昼間でも、空が薄暗くなったとか、砲や、トラックの車輪にはいりこみ、すりつぶされた蝗の脂で、心棒が動かなくなった……蝗の大群の襲撃を受けると、村じゅうの農民たちは総出で炊きだしをし、蝗の大群を自分たちの土地からよその土地へ追っ払うのに、銅鑼や、鉦を、気ちがいのように、昼も、夜も、叩きつづける……熱風のあい間に、しゅっ、しゅっという、蝗たちの羽根をすりあわすことによって発する、一種の金属的な、重い音を耳にすると、それは想像以上の大集団かもしれない。

小説「温故一九四二」第七章でも、農民がシーツを竹竿に巻き付け振り回し追い払う、畑と畑の間に大きな溝を掘り蝗の移動を阻む、神頼みの三つの方法が記されています。「蝗」と組み合わせれば、銅鑼や鉦を叩き続けながら竹竿のシーツを振り回していたと言うことができるでしょう。他の二つの方法は遠くから眺めるだけでは分からないので、「蝗」では書かれていません。つまり「蝗」と「温故一九四二」には齟齬がなく、両者を重ね合わせて読むことで、理解を深めることができます。「温故一九四二」では、中国難民の視点から大飢饉における物質的にも心理的にもデモーニッシュ（悪魔的）な荒廃、その中の「人間の条件」、そして日本軍の飢餓難民救援が述べられ、また「蝗」では日本兵と朝鮮人慰安婦を軸に性愛の飢餓、荒廃の中のつかの間の「慰安」、そこで芽生える愛、その喪失が描かれ、やはり「人間の条件」について考えさせます。

田村の大飢饉の具体的記述は先に引用した程度ですが、「蝗」はその後も繰り返し出てきます。その意味は重層的で極めて深長であり、その理解のために、まず導入部分の概要を述べます。

五 デモーニッシュな導入と「奥深い」問題提起

大飢饉の世界の内に存在しても、日本兵は食料が補給されていた日本軍の内に存在していました。これはインパール作戦と全く異なり、いかにインパール作戦がひどいものかが分かります。

そして、田村は食よりも性への飢えを描きますが、そこに死が交叉します。原田軍曹は二人の部下とともに、大量の白木の戦死者遺骨箱と部隊専属の五人の朝鮮人慰安婦を、石太線の愉次から兵団司令部まで移送します。これは田村の任務と重なることを川西は述べています（『新・日本文壇史・第六巻・文士の戦争、日本とアジア』六七〜六九頁）。

その書き出しでは、慰安婦たちが

ツチモ草木モ
火トモエル
ハテナキ曠野
フミワケテ

ススム日ノ丸
鉄カブト……

と「露営の歌」の第二番を合唱しています。しかし、それは「列車の走る轟音とまじり、ただの喚声でしかなかった」のです。それでも、慰安婦たちは「夜ふけだというのに、狂ったように声はりあげて歌ってい」ます。しかも、車輌の三分の二以上の空間は、戦死者のための「白木の空箱」で占められていました。まさにエロスとタナトスが鮮烈かつデモーニッシュに凝縮されています。

さらに（田村の重なる）原田の目には慰安婦たちの姿は見えず、「うしろの鉄板の壁に映っている彼女たちの影だけである。レールの継ぎ目に列車がかかり、がたんとカンテラがゆれると、そのたびに、その影もひきつるようにのびちぢみ」しています。サバト（魔女の夜宴）を想わせる描写であり、魔術的リアリズムの先駆とも言えます。さらに叙述は続きます。

列車はよほど南下したらしく、むうっとする車内の熱気は、息苦しいほどになった。女たちはみんな、腕をまくり、スカートをまくって、同じ歌をいつまでもうたっている。ぶよぶよした太腿をつつむ青白い皮膚が、汗でべっとりと濡れて光っている。二本の軟体の肉塊が正面にあり、その肉塊のあいだには、どこまでもはいって行けそうに思える、奥深い暗部があるのを、原田は見た。その暗い暗部の上には、原田の知りすぎている女である、ヒロ子の顔があった。

エロティクだけでなくグロテスクでもあります。文中の「どこまでもはいって行けそうに思える、奥深い」という描写は、聖書「ヨブ記」三八章八、九節の「海は二つの扉を押し開いてほとばしり／母の胎から溢れ出た／わたし（主なる神）は密雲をその着物とし／濃霧をその産着としてまとわせた」（新共同訳）を想起させます。ラテン系のフランス語では mere（母）の中に mer（海）があるように母は広大な海をも包摂しています。また、漢字で「母」は「海」の中に存在しています。そして海から生命が誕生し、その進化のエッセンスを母胎で胎児が繰り返します（系統発生と個体発生の相関性）。このような壮大な生命の誕生に通じる生殖器官の「上」に「ヒロ子の顔があった」と田村は書くのです。

しかし、この「奥深い」営為を、狭義の慰安婦は禁じられていました（妾、現地妻など広義の慰安婦は出産でき、実際、現地調査で中国人がそのような女性を「慰安婦」と呼んでいた）。

むしろ慰安婦たちは新たな生命を産み育てるどころか、自分の生命さえ危険に曝されていました。これは田村の文学に内包された「奥深い」問題提起です。

六　朝鮮人抱え主の阿片密売

「女たちの抱え主」は「朝鮮人の金正順」であり、日本軍の「加担者」です。しかも、金正順は「前線の兵隊たちの欲望を満たさせるために、自分の抱え女たちを、そこへつれて行くという、りっぱな名目の裏で、憲兵隊の眼の光らない場所で、阿片を売買しようとするのが、この男の目的で」した。

当然、日本軍では、麻薬は厳禁であり、従って、それは日本軍の外の、しかも「憲兵隊の眼の光らない場所」で売られていました。性に麻薬が加わり、幾層倍も膨張させられる慾望が絶望的なほど渦巻いており、まことに「蠱惑」的な腐敗の恐ろしさを思わされます。

確かに、日本軍と阿片の問題が指摘されます。つまり「憲兵隊の眼の光らない場所」というのは〝見て見ぬふり〟ということです。ただし「売買」は相互行為で、買い手があってこそ売れるのです。そして、中国での買い手は中国人でした。

しかも、売り手は日本軍が見て見ぬ振する朝鮮人だけでなく、中国共産党員もいました。洪振快は「延安時期的〝特産〟貿易」（『炎黄春秋』二〇一三年第八期、四九〜五八頁）で、塩など「表」の道が閉ざされ、「裏」の道しかないという報告を受け、〝特産〟貿易について「最終的に毛沢東が決定を下した（最終毛沢東拍板）」と記しています。「特産」は阿片を指します。「裏」は不法で非人道的であることを承知していたことを意味しています。組織を維持するためには手段を選ばず、同胞を薬物依存症で破滅させたのです。〈この点については『慰安婦と兵士の愛と死』第五章第四節第二項（二）④「補論――阿片と戦争――」で論じています〉

七　駐留部隊の戦時性暴力

さらに「蝗」のストーリーについて述べましょう。列車はたびたび駐留部隊に臨時停車させられます。兵士たちは慰安婦の存在を知っており、彼女たちを要求し、原田軍曹が抗しても、強引に連れ出します。「ここへくるまでに、開封を出発してまもなく、新郷と、もう一箇所、すでに二回も、彼女たちは、ひきずり降されていた。そのたびに、その地点に駐留している兵隊たちが、つぎつぎと休む間もなく、五名の女たちの肉体に襲いかかった」と述べられています。

それは蝗が飛びかう中でもなされました。駐留高射砲部隊長は鉄の車輛を「どすんどすん」と叩きながら、「こらーっ、出てこいったら、出てこんか。チョーセン・ピーめ」、「貴様が、引率者か。チョーセン・ピーたちを、すぐ降ろせっ。おれは、ここの高射砲の隊長だ。降りろ」と命じます。原田が車輛には「遺骨箱が載っているだけであります」と答えると「嘘をいうな。前から八輛目の車輛のなかには、五名のチョーセン・ピーが乗っていることはわかっているんだ。新郷から無線連絡があったんだ。命令だ。女たちを降ろせといったら、降ろせっ」と迫ります。しかも、彼は「酔っ払い特有の、テンポの狂ったねちっこい語調」で「叫び」ながら「腰から、刀を抜」きます。それでも、原田は「女たちは石部隊専用の者たちです」と応じないと、次のようになる。

「なにっ。文句をいうな。なにも、減るもんじゃああるまいし、ケチケチするな。新郷でも、さんざん、大盤振舞いをしたそうじゃないか。何故、おれのところだけ、それをいけないというのか」

「しかし――」

「しかしも、くそもない。いやなら、ここをとおさないだけだ。絶対に、さきに行かさない。いいか。わかったな。通行税だ。気持よく払って行け」

下士官の原田は、部隊は異なりますが、隊長・将校の「命令」に従わざるを得ません。そして慰安婦は大勢の兵士との性交を強いられます。しかも料金は払われません。

戻ってきた慰安婦たちは「チキショー、パカニシヤガッテ。アイツラ、アソプナラ、アソプテ、ナゼカネハラワナイカ。カネハラワズニ、ナニスルカ」と文句を言います。これに対して兵士たちは「馬鹿野郎、作戦ちゅうに、金なんか持ってるかってんだ」と応酬します。

この「ナゼカネハラワナイカ」という台詞に関して、慰安所で兵士は直接「カネ」を払わないのでリアリティがないと考えるならば、それは理解不足です。慰安婦は直接「カネ」を受け取らなくても、何人を相手にしたか記憶しており、それに応じた金額を抱え主から受け取ります。この場合、それが全く期待できないので「ナゼカネハラワナイカ」と抗議して当然なのです。

なお「抱え主」の金正順についていえば、彼は全て記録して、「胸部貫通で即死」しなければ、白沙鎮に着き、兵団戦闘司令部に赴き、料金を請求したと考えられます。無論、それは慰安婦たちには隠し、全てを着服した可能性もあります。仮に彼女たちがこの可能性に気づいたとしても、朝鮮人慰安婦では司令部まで行けないから、彼の嘘を聞くしかありません。だが、田村はそこまで書いていません。

その上で注目すべきは「女たちは石部隊専用の者」ということです。これは慰安婦が部隊ごとに配属されていたことを示しており、確かに部隊への従軍~従属ですが、それはまた彼女たちが守られていたことも意味しています。それは朴裕河のいう「将校や憲兵たちは、兵士の暴力や軽蔑から慰安婦を守る役割をもしていた」に符合しています（『帝国の慰安婦』九四頁）。

実際、移送中の列車は慰安所ではないため、原田も部下も慰安婦との性的接触を断っていました。ところが部下は「他人様のために、ご馳走運びなんて、もうばからしなったわ。班長、おいら、いつ敵さんの弾丸にあたって死ぬかわからんのやぜ、死んでしもたら、元も子もないわ。そやないか、よしというてくれ」と言い出します。これは駐留部隊の軍規・軍紀の乱れの影響と言えます。

このような現実もありましたが、それでも「同志」的関係が保持されていました。「蝗」では、兵士も慰安婦も「いつなんどき、地上の敵か、上空の敵の襲撃を受けるかも知れな」く、そのため「この戦場では、彼女たちは自分たちの遊び相手ではなく、あらゆる瞬間、あらゆる場所で、死によって絶えず待ち受けられている共通の運命を持つ者の同族意識で、いつのまにかむすびつけられていた」と述べられています。「同志」と「同族意識」は通じあっています。〈なお朴は田村を批判しており、それについては『慰安婦と兵士の愛と死』第五章第四節第二項（二）⑥「田村への批判の検討」で論じています。他の批判の検討もあり、参考にしてください〉

八　ヒロ子と原田の愛と死 ―「同志」や「同族」の意識を超えて―

確かに大多数の将兵は野卑な性慾に屈しています。原田にも性慾があり、またヒロ子も聖女ではありませんが、しかし、それでもなお、二人は愛を求めあっていました。

原田が駐留部隊の要求に抗したのは、任務としてだけでなく、「同志」的関係や「同族意識」のためで、これはヒロ子にも同様ですが、彼女とはそれ以上の愛が芽生えていたと言えます。

原田はヒロ子のもとにしばしば通っていましたが、移送中は性的な振る舞いを控えていました。その一方で、原田はヒロ子に、慰安婦を求める兵士に「同情」しろと諭します。すると、彼女は「オトコハ、ミンナ、トスケベーゾ。アタシトージョーシナイ」と反論し、「ハラタ、オマエ、ヘイタイニトージョースルコトナイヨ。オマエ、ヒロコト、ナカヨクスルダケ、イイヨ」と言い、「ハラタ……ネ、ハラタ……」と「鼻を鳴らして、自分の身体をすり寄せ」ました。これについて、朴裕河は「慰安婦の悲惨な状況だけでなく、ヒロ子が原田に執着することで、苦痛をまぎらわそうとする場面を描いている」と解釈しますが（『帝国の慰安婦』二二二頁）。私はそれ以上の愛を洞察します。確かに言葉もふるまいも洗練されていませんが、むしろ戦場という死と隣り合わせの限界状況に置かれた者の原初的で本源的なエロスから生じた愛があります。何故なら、原田は「歯を喰いしばって、内部の衝動に耐え」、ヒロ子の求めに応じないのに、彼女は離れないからです。性欲だけで原田を求めてはいないことが分かります。

また、原田は「素直な彼女の誘いに応じられぬ自分の卑怯さと優柔不断さ」を痛感していました。この点について二つ考えてみます。

まず、軍曹と慰安婦の関係では「卑怯さと優柔不断さ」など感じる必要はありません。しかし、対等な関係であれば、女性がモーションをかけても、男性がつい尻込みすることはよくあることです。

次に原田の「女の兵器」を管理する立場の自覚も考えられます。この場合は軍規違反を恐れるための「卑怯さ」になりますが、それは三上上等兵の「馬鹿正直」に類似します。先述したように部下まで駐留部隊の乱れに影響された状況においてヒロ子が求めていても、原田は「歯を喰いしばって」我慢しているのです。周囲で性欲が発散されている状況にも拘わらず、彼は禁欲を堅持しているのです。

そして、いずれでも原田が信頼できることを示しています。つまり、ヒロ子は原田に信愛を抱いていたからこそ、たとえ性的に応じなくても彼から離れないということができます。

さらに愛しているからこそ性に躊躇するという心理も考えられます。第五章の二で述べたとおり、性には不潔感や嫌悪感が伴います。そのためにヒロ子の求めに応じなかったというのではなく、他の慰安婦と性行為を繰り返している自分を不潔だと感じ、そのような自分がヒロ子を汚してはいけないという解釈です。〝もう他の兵士に汚されてるからいいじゃないか〟というのは一般論であり、自分と彼女の関係を特別なものと思えば、それを基準に感じるのです。そして、性行為は本能的で、とりわけエクスタシーでは動物じみた状態になります。そのような自分を見せて信愛を壊したくないと思うことは往々にしてあります。愛するからこそ、手が出せないのです。

このように躊躇しますが、それでも信愛が保持されると、相手を強く信じられ、これによって不潔感も危惧も乗り越えて性的な関係に踏み切れるのです。

このような解釈を田村は示していませんが、他の叙述から読みとることが可能です。それは、原田が突然の砲撃で致命的な重傷を負うヒロ子を置き去りにせず必死に担架で運ぼうとするからです。性欲が主なら、そこまではしません。しかも自分も極めて危険な状況にあり、決して「卑怯」ではありません。

「女の兵器」の立場でいえば、隊長が「いささかのためらいもない」、「一種のさわやかささえあ」る

「発音」で「廃品はどんどん捨てて行くんだ。いつまでも、そんなものを抱え込んでいたんでは、戦闘は出来んぞ。身軽になれ、身軽に」と命じたとおりです。しかし、原田のヒロ子に対する思いは、そのようなレベルではなかったのです。

言わば瀕死のヒロ子を助けようとする原田は、病魔でやつれた千鳥に「肉の喘ぎをともなわない青い愛憐の焔」を抱く柳と（本書第一章）、根源で通底していると言えるでしょう。そこに性愛や馬鹿正直の根底にある信愛を見出すことができます。

九　どこまでも追いかけてくる「蝗」

愛するヒロ子を見捨てられないが、原田は全能でも聖人でもなく、最終的に自分だけ守ることを選択しました。それまでの過程は「カルネアデスの板」に類似する限界状況であったと言えます。

それは、古代ギリシアのカルネアデスが出したと伝えられる難問です。船が難破し、一人の男が壊れた船の板切れにすがりつきました。そこへ同じ板につかまろうとする者が現れました。二人がつかまれば板そのものが沈んでしまうと考えた男は、後から来た者を寄せ付けず、水死させました。その男は救助されると、殺人罪で裁判にかけられたましたが、罪に問われませんでした。では、それは妥当か否か。

同じように、原田はヒロ子を結果的に見捨てましたが、それは罪に問われないとしても、深く考えさせます。

また、別な場面では、慰安婦のマチ子が空襲で「腹部をやられ」ましたが「まだ生きてい」ました。やはり生き延びた原田が、そのとおりに高級副官に報告すると、「馬鹿、何故、射殺してこなかったか。生きているうちに、敵の手中に落ちては、味方の情報が敵に筒ぬけではないか」とどなりつけられました。先述の隊長の「捨て」ろという命令よりも踏み込んでいます。

ただし、それは戦場でしばしば起こることでした（決して是認するのではなく、その現実を認識するためです）。慰安婦だけでなく、日本兵でも傷病により、たとえ落伍したくなくとも、部隊に付いていけない者には「自決命令」が下されました（具体的には『慰安婦と日本兵の愛と死』で述べています）。金春子がピストルを渡され、それで応戦し、最後の一発は「耳のところにあててひき金をひ」けと指示されたことは（本書第四章）、それに準じるのです。彼女のように見込まれて前線を巡回する任務を与えられた慰安婦にも、最後の自決が求められたのです。このような段階に到れば、「同志」や「同族」の意識が形成されて当然です。

「カルネアデスの板」のような問題は、原田、ヒロ子、マチ子を書き伝えた田村自身にとっても重大であったと言えます。彼は「平和愛好論」、「日本民族」の「人間性の貧しさ」、「人間としての貧しさ」を批判して、次のように論じました（「渇く日日」『田村泰次郎選集』第二巻、一二一～一三八頁）。

たしかに、戦場にゐる者の考へ方は平常な生活を営んでゐる人間の考へ方から大分ずれてゐることは事実である。同じ戦場でも、前線と後方とでは、また前線でも行動間と駐留間とでは、また行動間でも戦闘間とさうでないときとでは、厳密にいへばそれぞれに人間といふものについての考へ方がちがつて来る。どんな人間でも、ある瞬間に於いては非人間である場合がないとはいひきれぬやうだ。死ぬことをまるで生きることのやうに考へる同じ考へ方で、正しくないことをまるで正しいことのやうに考へて行動するときがある。この世の道義の基準が地獄でまるであべこべになるやうに、——従つて、そこではこの世の物差しではかつてはわからないことがすくなくないやうな、そんな価値の顚倒が行はれる。

また、田村は『戦場の顔』の「あとがき」でも、次のように述べています。

戦場では、どんな善良な、また優しい人間でも、ひとが変わる。別人のような異常な行動に出ることが珍しくない。戦場という普通の世界とは隔絶された特別な場所では、私たちのふだん持ちあわせている人間観では、解釈しきれない行為だらけだ。

無論、これらを兵士が慰安婦を見捨てたこと、将校が「捨て」ろ、「射殺」しろと命じたことの弁明に使うというのではありません。見捨てたことで兵士は生き延び、将校は見捨てさせたことで兵士を救い、情報を中国軍に与えないことで追撃をかわせたということなども考慮しなければならないということです。まさに「カルネアデスの板」が繰り返されているのです。

さらに、「価値の顚倒」に気づいたことは、田村がそれに完全に囚われておらず、その「内」にいながらも脱け出ようとしていたことを意味しています。つまり、それを意識した田村は、まだ人間性を保ち、人間の条件から逸脱していなかったと言えます。

ですから、田村はさらに叙述を続けます。そこで重要なのが「蝗」です。「蝗」が大飢饉をもたらしたことを踏まえれば、それは無数の死をもたらす悪魔の具象です。

これは既に横暴な駐留部隊の場面でも示唆されていました。慰安婦たちは解放されて車輛に戻りますが、彼女たちのシュミーズの中まで「蝗」が入りこんでいました。彼女たちは「イタイ」といって「大きな褐色をした昆虫」をつまみ出し「鉄板の壁に力一ぱい叩きつけ」て、「コノパカヤロー」と罵りました。兵士との性交の過程で悪魔が忍びこんだと読むことができ、まさにエロスにタナトスの影が覆い被さってくるのです。

ヒロ子やマチ子を置き去りにした後でも「蝗」は現れます。原田は「自分の左肩にとまって動かない一匹の蝗」に気づき、「不気味に思」い、「(自分に)対するヒロ子のさげすみに満ちた憎しみは、彼の行くところ、どこまでも追っかけてくるにちがいない」と感じました。それは「卑怯」な自分の罪悪感ですが、それを感じるのは信愛があったからです。それ程の絆があったにも拘わらず最後まで付き添えなかったことの痛切な後悔もあります。

これは「春婦傳」の結末と対照的ですが、次章で取りあげる「破壊された女」を踏まえた「肉体の悪魔」に近いものです。

しかし、これで終わらず、「蝗」はさらに「追っかけて」きます。原田たちはようやく司令部に到着しましたが、生きのびた慰安婦は二人だけでした。

任務を果たした原田軍曹・班長は慰安所に行き、行列に並び、待ちます。ようやく順番が回ってきた彼に対して、朝鮮人慰安婦・京子は「コラ、ハヤク、ヤリナヨ。グズグズシテイルト　ヤラサナイゾ」、「ナンダ、ハンチョーカ。オマエ、ヤルノカ。ヨシ、コイ。ハヤク、コイ」と声をかけます。原田は、京子の「のびきった、白い肉体の上に乗りかか」り、いよいよ交合しようという時、「内股に、刺すような、鋭い触覚を感じ、身体をはなし」ました。これに続けて、田村は次のように述べます。

そして、いま、自分の内股に、刺すような、鋭い触覚をあたえたものの正体を見極めるために、彼女のその部分に、自分の顔を近づけた。たてに暗紫色に縁どられて、たるみきつたもりあがりにかこまれた、深い、大きなたての亀裂が、そこにあった。そして、その亀裂と、彼女の右の大腿とのあいだに、一匹の褐色の蝗が、よちよちとはっているのを、原田の瞳ははっきりと見た。が、女の身体はさっきからの人間の能力の限界を超えていると見える。つぎつぎと彼女の前にあらわれる、果てない兵隊たちとの格闘で、そこの部分が完全に麻痺してしまったように、そのことに気づかないのか、気づいていても、それを手で払う気力さえないのか、節くれだった六本の肢と、堅い羽根を備えた昆虫の、はいずりまわるのに任せて、完全に死んでしまっているなにものからようにぐつたりと、そこにのびていた。

女性の秘部と太腿の間を這う「褐色の蝗」という描写はエロティクかつ「不気味」であり、やはりエロスとタナトスが凝縮されています。そして、この「蝗」が先述した「ヒロ子のさげすみに満ちた憎しみは、彼の行くところ、どこまでも追っかけてくるにちがいない」と思わせた「自分の左肩にとまって動かない一匹の蝗」であったらとしたらという読後感を導きます（少なくとも私はそのように読みます）。

現実としてその可能性は極めて低いとしても、ないとは断言できません。しかも、個体としては異なっても、原田に対して象徴として作用する「蝗」が同じであるとすれば、まことに「不気味」です。

無論、田村はそこまで書いていません。だが、そのように読みとることはできます。それが文学のポテンシャリティであり、私たちは、それを粛然と汲みとらねばなりません。これによってデモーニッシュな歴史を教訓として心に刻み、再発させない力を得ることになるでしょう。

第八章　張沢民と佐田

一　張玉芝／朱愛春と田村――「かなり事実に即してなぞった」という内容

「肉体の悪魔」（一九四六年）の表題には「張玉芝に贈る」という副題が付されています。さらに、田村は「第五図　破壊された女」（一九六四年）で「張玉芝《チャンユイツ》は実在の女性である。作中のヒロイン張沢民《チャンツミン》は、張玉芝そのひとではないが、張玉芝の人柄と行動を、かなり事実に即してなぞったものである」と述べています（『田村泰次郎選集』第二巻、三三六頁）。また、尾西は『田村泰次郎の戦争文学』の写真の二〇頁や本文一四〇～一四三頁で張沢民・張玉芝は朱愛春であったと論じ、先述したとおり川西も『文士の戦争、日本とアジア』六四～八七頁で再確認しています。

　朱愛春が「化名（変名）」の張玉芝しか田村に明かさなかったとしたら、それは彼女が愛慾の裏に抗日・反日の意識を秘め続けたことを意味し、二重スパイであったことの補強になります。ともあれ、田村は日本兵佐田と張沢民の愛憎を活写します。つまり、張沢民／張玉芝／朱愛春は兵士の愛人であり、広義の慰安婦であることになります。

　また「檻」は「春婦傳」から三カ月後、一九四七年八月に発表され、やはり「張沢民」と「佐田」を軸にストーリーが展開します。量的比較では『田村泰次郎選集』第二巻で「肉体の悪魔」は八四

〜一二〇頁、「檻」は二三〇〜二四六頁であり、三六頁と一六頁で「肉体の悪魔」は「檻」の倍以上です。このように発表順や字数でみると、「檻」は「肉体の悪魔」の補論のような位置づけになりますが、後者では書き得なかったことを前者でようやく達成したとすれば、その重要度は軽視できません。さらに「佐田」が両作品で共通していることから、「檻」でも張玉芝／朱愛春と田村のリアリティを読み取ることができます。

「肉体の悪魔」の書き出しは「君をはじめて私が見たのは」であり、全体と通して「私」や「君」が主に使われています。これは文学的な効果を企図しただけでなく、「張玉芝に贈る」の副題のとおり、彼女に向けて書かれたためと考えられます。「私」や「君」は代名詞であり、田村や張玉芝にも使えます。確かに、「肉体の悪魔」は一般読者に対して作者が直接体験したことを書き綴る文体になっていますが、同時に「張玉芝」へのメッセージに込められており、むしろこの方が田村にとっては重要であったとさえ捉えられます。

そして「張玉芝は実在の女性である」ことから、彼女が読んでも嘘だと非難されない内容、即ち「かなり事実に即してなぞったもの」が書かれていると言えます。確かに尾西が「解題」で「この内容がすべて実際にあった出来事と判断するには早計に過ぎよう」と指摘しているとおり（『田村泰次郎選集』第二巻、三六七頁）、資料批判が必要ですが、愛と死、エロスとタナトスに深く関わる内容が全く事実とかけ離れているとは言えません。もしそうであれば、それができる者は虚言症にかかっていると診《み》なさざるを得ないでしょう。しかし、田村は虚言症ではありません。むしろ真摯な自己分析をいくつも提出しています。従って「肉体の悪魔」は「かなり事実に即してなぞったもの」と判断できるのです。

二　絶望的な愛憎の自己分析

「私（佐田）」は「中央軍二十七軍」を追撃するが反撃され、「何とも形容を絶したような凄い死闘」に巻き込まれ、そして「看護婦」と自称するが明らかに共産党員と思われる女性兵士の「俘虜」と出会い、「惹かれ」ました。それは、彼女の「つめたい眼の光り」、その「つめたさ」を受けることで生まれた情感、「想像」、「勝手な期待」で、「自分の内部のどこかにある、戦争そのものの根元的な罪悪に対する人間らしい否定を、外部に具体化して、私自身とむかいあわせてみたいのではないだろうか」と、「私」は自己分析します。

他方、張沢民は「日本人は中国人を殴る、中国人は黙る、──けれども、中国人の腹のなかでは、日本人は一層悪者になる、──そして日本人はますます中国人を殴らねばならぬし、中国人はますます日本人を憎まねばならないの」と非難します。「私」は、自分が中国人にとって「憎しみと呪いの対象である『日本鬼子《リイベングイズ》』」であることを自覚しますが、彼女の「軽蔑と敵意とで、妖しくかがや」く眼差しに「何か運命的のような厳粛な衝撃」、「戦慄」を「覚え」、「胸がかあっと熱くなって、眼には涙さえたまった」のでした。

このように愛憎が増幅する悲劇的な限界状況で、二人は愛慾に駆られ「肉体」を交合します。だが、皇軍兵士と中国共産党員兵士（女優だが兵団の劇団に属した兵士）の間で、この熱情の達成など「絶望的」です。ところが、「私」は「絶望であればあるほど、かえってその絶望は一層私自身の執着を狂おしいものにするのみであった」と自己分析します。

三　二重スパイの両面工作――ハニー・トラップ――

張沢民の言動を理解するには、中国共産党の特務工作における性の利用・悪用の認識が鍵です。共産主義運動では禁欲的な闘士がモデルとして宣伝され、実際、それを信じて闘う共産党員も多いのですが、上層は異なります。特に中国共産党幹部では腐敗が広がっていました。

このような指導部から若い女性党員たちに性的な特務工作（現在でいうハニー・トラップ）が指示され、また「下、上に倣う」で、彼女たちは、それを共産党の勝利のため、及び自分が党内で出世するために応じます（平等を謳いながら競争はありました）。

何より、応じないわけにはいかないのです。その場合、出世できないだけでなく、甚だしくは、指示に従わない者として粛清されます（党組織は民主集中制とい名の独裁体制ですから、理由は他にいくらでもつけられます）。そして、ハニー・トラップにされないためには、大物幹部の後ろ盾が必要で、それには大物幹部への性的奉仕が求められます。

これに注意するのは、田村自身が宣伝班という情報関係部門に配属されていたからです。実際、内通において、ハニー・トラップの謀略が山西の日本軍情報機関に対して為されていたのではないかという問題です。

なお、山本によれば一九四〇年九月の「支那側ノ我ガ軍隊ニ対スル思想工作ノ状況」（アジア歴史資料センター資料番号C11110754700）には〝「エロ」工作〟が明記されています（「野坂参三の『延安妻』――毛沢東が用意した〝秘書〟」五七頁）。

（二）中国共産党幹部における腐敗

――「ポン引きまでできる」毛沢東、その下の幹部、青年党員の相互関係――

延安で、共産主義を標榜しながら、幹部は衣食をはじめ様々な特権をもっていました。衣食などは外に現れていましたが、隠れて性でも特権を享受していました。最高指導者の毛沢東は女性だけでなく男性も恣《ほしいまま》にしていたと、李志綏は述べています（「毛沢東の女たち」『毛沢東の私生活』文春文庫版下巻、五五～六九頁）。これは李志綏が一九五四～七六年に侍医兼医療班長であったときの経験や見聞に基づいていますが、ソ連・コミンテルンが一九四二年から四五年にかけて延安に派遣したタス通信特派員ウラジミロフの日記により、既に当時から同様であったことがうかがえます。

一九四三年六月十四日（『延安日記』上巻二〇七頁）では、ダンス・パーティで「毛沢東は（妻の）江青とはめったに踊らない。江青は嫌な顔をせず、それどころか美人のパートナーを毛のところに自分からつれてくる」と述べられています。このような夫婦関係について、李志綏は毛沢東が性病の「保菌者」であるため、治療で「薬効があらわれるまで主席に性的活動を休止」するよう提案しましたが、毛は「鼻であしら」い、李が「江青に感染したら」というと、毛は「なにもおこらんよ」、「あれには、ずっと前に断っておる」と答えたことで補強されます（『毛沢東の私生活』文庫版下巻、六八頁）。

さらに一九四四年三月五日（『延安日記』下巻三四三頁）では、毛沢東が「ポン引きまでできる」ほど腐敗していたことが書かれています。彼は「会合の終り」でウラジミロフに「どうかね、ここには魅力的な娘がいるだろう」、「それとも、もう目をつけているのがいますかな」と言いました。これに対してウラジミロフは「毛沢東がポン引きまでできるとは思わなかった。私は笑いでごまかして、その場を離れた」が、「その日の夕方、一人の娘がそっとわれわれの住居にやってきた。娘は恥じらいがちに私に挨拶し、家事をしにやって来ましたといった。／娘は皆と同じ粗末な服を着ていたが、綿入れの上着の襟から、ここでは滅多にみられぬ白いカラーがのぞいていた。兵隊用のベルトで締めつけた胴はかぼそく、頬はまろやかではち切れそうであった。（中略）粗末な配給物資で生活している人びととはどこか違っていた。（中略）私は写真を何枚か撮り、彼女を家から送り出した。まったく、すばらしい娘だった。／肩を並べて歩きながら、彼女は大学に入ったばかりだといった。本当に初々しかった」と述べた上で、「何と下劣なことをするんだろう」と毛沢東を非難しました。

これほど「下劣」であることから、江青が毛沢東に「美人のパートナー」を連れてくるのも、ただパーティだけで終わらず、その後のためでもあることが推論できます。さらに外国人のために「ポン引き」までするからには、当然、自分も「美人」で慾望を満たしていたと言えます。従って、江青は「はじめて毛と結婚した時分にはほんとうに心やさしかったのかもしれない。そしておそらく毛が、江青まで堕落させてしまったのかもしれない」と李志綏は推測しますが（『毛沢東の私生活』文庫版下巻、六七頁）、これは誤解と言えるでしょう。

しかも「粗末な配給物資で生活している人びと」がいる一方で、「延安では、毛沢東さんや朱徳さんら幹部から若い青年まで、みんな社交ダンスが好きでよく踊ってい」たという状況がありました（野坂参三の通訳をしていた趙安博の証言。『「反日」以前』七六頁）。なお趙安博自身は「硬派で堅物だから」しなかったと述べています。

当時の延安では若者が多く（実際に延安にいた複数の中国知識人より）、十代前半の少年少女までいました。指導部でさえ二〇代後半が幾人もいたので、当然、一八九三年生まれの毛沢東、一八九八年生まれの周恩来にとって、操るのは容易でした。前述の「若い青年」は「抗日」や「革命」のためと選抜された者で、さらにその中から江青が選んで毛沢東まで連れてきたと言えます。

また「若い青年」たちは、それに積極的に応えました。「抗日」や「革命」の大義で洗脳されるうちに、毛沢東たち幹部の「精神的堕落」が「若い青年」たちにまで感染していたと考えることができます。つまり、この洗脳には中国共産党指導層と青年党員の腐敗せる相互主観性（主観と主観が相互に作用して形成される関係性）が現象しています。李志綏は、青年が毛沢東との性交で性病に「感染したこと」を、むしろ誇りにした」とさえ書いています（『毛沢東の私生活』文庫版下巻、六七頁）。それは毛沢東との「親密な関係を証明する」「名誉のしるし」とされたからです。

このような腐敗堕落を踏まえると、張沢民の言動がより深く理解できます。

（二）〝現実に即したマルクス主義〟の性的な実践形態

——あるいは〝援助交際〟の先行形態——

「肉体の悪魔」では、張沢民が、佐田に対して「理路整然と中国に於ける女性の解放」、「毛沢東の階級的恋愛」を論じ、具体的に次のように述べています。

軍隊出の老幹部の無骨な、けれどもそれだけに微笑ましい素朴な恋愛を論じた。中共では結婚は同じ政治意識の水準にある党員同志でないとゆるされぬそうであるが、政治意識の低い水準にある軍隊出の老幹部たちは若い恋人と結婚するために、その恋人からマルクス理論の手ほどきを受けようとする、── それを意識的に利用して老幹部の政治的水準を高める恋人役の若い女性の革命的役割を論じた。

「軍隊出の老幹部の無骨な、けれどもそれだけに微笑ましい素朴な恋愛」は「精神的堕落」を踏まえれば美化であり、若い女性党員と「結婚」するための口実に過ぎません。指導者の毛沢東は公式に認められるだけで四回も結婚し、また劉少奇は六回も結婚しました。結婚という形態をとっていますが、若い女性を得ては捨てることの繰り返しです。その間も、特権を握っていることから、不特定多数から邪淫な性を貪らなかったとは考えられません。これが中国共産党指導層に感染しなかったとは考えられません。

呼応して、若い女性党員は「それを意識的に利用」しますが、そのことを「革命的役割」と説明します。ルートヴィヒ・ウィトゲンシュタインの「思考は言語で偽装する」を援用すれば（『論理哲学論考』三九頁）、「思考は言語で粉飾する」となるでしょう。「現実に即したマルクス主義」は、その代表で、ウラジミロフはそれを毛沢東の「道徳的貧困と異常な野心だけの哲学である」と見抜きました。その三十年後、田中角栄は「便宜共産主義」と表現しました（一九四四年九月十五日、下巻二四三頁、及び早坂『田中角栄回想録』一九九頁など）。いずれも炯眼です。

そして理念と異なり、現実において、「女性の解放」は、西洋でも、日本でも、往々にして「性の解放」になりますが、その中国共産党における現象形態が「肉体の悪魔」で書かれていると言えましょう。

また、洲之内徹は「中共軍の中で、縷々、女党員が『馬上主義者』と皮肉られる」、「『馬上主義《マーシャンチユウイー》』は『馬列主義《マーリーチユウイー》（マルクス・レーニン主義）』にひっかけて、女の少ない軍、政府機関の中では、平党員や兵士には眼をくれようとせず、専ら乗馬を持っている高級幹部を相手に選びたがる女の思い上がりを嘲笑している」と述べています（『棗の木の下』一二一頁）。「馬上」の「上」は馬に跨がる高級幹部を意味するだけでなく、そのような高級幹部を自分の「上」に跨がらせる、また逆に自分が高級幹部の「上」に跨がるという暗喩もあります。

このような年長男性の実利の提供と年少女性の性の提供という交換は、バブル期に日本で広がった〝援助交際〟と相似しています。その代表が江青であり、彼女が毛沢東と結婚したように、若い女性党員は出世のために「老幹部」と結婚するわけです。それを「階級的恋愛」だと信じるとしたら愚昧であり、信じていないが「理路整然と」論じるとしたら欺瞞であり、いずれにせよ「精神的堕落」です。

そして次に問われるのは、先述したように、そのような幹部に若い野心的な女性党員が相互主観的に呼応していたことです。その代表が毛沢東と江青です。この点について、毛については既に述べましたので、江についていえば、ウラジミロフは一九四二年十二月三日に「江青は毛沢東の妻になるまで、四人パトロンを変えている。変えるたびに彼女は出世した。しかし、こうした話はたしかな証拠があるわけではない。おそらく百パーセント本当とはいえまい。／いずれにせよ、彼女はわれわれにいつも親切でよく話をしてくれた。おかげで彼女のみてくれとは別に、われわれは彼女の本当の姿をよく知ることができた。／彼女は何よりも野心家である」、「彼女の夫、毛沢東の私信はすべていままでは彼女が牛耳っている。（中略）康生からも一目二目も置かれている」と述べています（上巻七五頁）。そして、ウラジミロフは「党内では目立たない存在の情報処主任」の康生は「女優上がりの江青と一蓮托生を決意し」ており、彼女を「選んだのは美しく魅力があるばかりでなく、知的で、奸智にたけ、意志が強いからだ。三度目の妻を迎えながら、なお好色漢の毛沢東に江青を紹介したのは康生だ」とも書いています（一九四三年二月十七日、上巻九〇頁）。

（三）日本軍と中国共産党の内通の深長な示唆

「肉体の悪魔」では日本軍と中国共産党の諜報活動・特務工作も取りあげられ、俘虜の張沢民が日本軍に協力しながら中国共産党とも通じていることが述べられています。つまり、彼女は二重スパイです。これは重要ですが、「肉体の悪魔」の主題が日本人兵士と中国人俘虜の愛憎とされているために、その位置づけが低く、示唆に止まっています。

佐田＝田村は「機密文件の整理」、「工作」に加えて「両面工作（二重スパイ活動）」まで書いているのです（彼は中国語の「文件」を使用）。この点は、決して看過してはならない問題です。これから必要に応じて、佐田、田村、張沢民、張玉芝、朱愛春の名前を＝で繋げて使いますが、それは「かなり事実に即してなぞった」ことに基づいています。

次に、内通というのは、張沢民＝張玉芝が二重スパイだと分かっているのに、黙認・放置されているからです。終盤で彼女が逃亡しようとしたときになって、ようやく佐田は彼女を射殺しようとしました。何故、二重スパイ活動を黙認するのかといえば、それを通して、敵（内通でも敵に変わりはありません）の内情を探知するためです。その限りで黙認しますが、逃亡すれば自分たちの内情が大量に知られるので、それは許されません。

これを踏まえて「肉体の悪魔」に込められた意味を追究すると、張沢民が劇団の女優であったことが深長になります。彼女が活動していた晋冀魯豫辺区（中国共産党の勢力圏）には七つの劇団があり、尾西は「いかに毛沢東が演劇による民衆の啓蒙運動を重視していたかが分かる」と述べています（『田村泰次郎の戦争文学』一〇〇〜一〇一頁）。これはまた劇団が共産党の「文芸講話」路線の下に置かれていたことを意味しています。実際、劇団は党と軍に属しており、自由な演劇活動が許されないどころか、一つ一つの演技まで厳重に検閲されました。笑顔が毛主席讃美ではなく嘲笑のようになっては、俳優だけでなく演出、監督、さらにそれを指導する党組織の責任まで問われるからです（現在ではかなり緩和されましたが、検閲は続いています）。

そして既述したとおり共産党幹部は腐敗していました。李志綏は毛沢東を中心に文芸工作隊・団（略称は文工）で「膣トリコモナス」が「連鎖反応のようにひろが」ったと述べています（『毛沢東の私生活』文庫版下巻、六七頁）。私自身「文工には慰安婦（所）のような役割があった」と中国知識人から幾度か聞かされました。「ポン引き」までする毛沢東を「生神」と崇拝する程ですから（一九四四年二月六日、『延安日記』下巻三一七頁）、「下、上に倣う」で李志綏のいう状況に到ったと言えます。これが日本軍のように知られないのは、より強力な支配統制下の幹部の特権で、従って極秘であり、下層では「革命的禁欲主義」が徹底されていたからです。また「文工」の女優にとっては、道徳や面子に反するだけでなく、幹部のコネクションを得る絶好の機会でもあるため秘密を守ります。

そして私は、田村はこれを感知していたと分析します。その脈絡で二重スパイ張玉芝のセクシュアリティも承知していましたが、同時に肉慾に溺れる自分自身も痛切に認識していたのです。この相互主観性において、彼女も佐田を憎むべき敵であり、セクシュアリティは俘虜となってもなお戦うための武器（「女の兵器」に通底）であると意識しても、なお抑えがたい肉慾に屈しました。田村はこのような自分や張玉芝の「肉体の悪魔」を愛隣を以て示唆したと、私は読み取るのです。

（四）「幻想」

部隊には、陸緑英という女性共産党員の「女区長」であった俘虜もいました。そして、「これもその点はぼかしたままで」、彼女は佐田たちと「一緒に仕事をして」いました。彼女は、日本軍兵士に中国共産党の統治する解放区、革命と抗日戦争の根拠地である「晋察冀辺区の演劇運動」や「日本人反戦同盟晋察冀支部の劇団」について話し、それは「どれ一つとして私たちの幻想を刺戟する話題でないものはなかった」と述べられています。さらに陸緑英は、八路軍では合唱が盛んで、至る所で歌声が「湧きおこり、それぞれが反響しあって、太行山という大自然を舞台とした一大交響曲のように聞かれる、それが太行軍区の朝の挨拶である」など語り、日本兵は「生活力に溢れた自由な軍隊の雰囲気が感じられ、日本軍の窮屈な軍規というものに縛られている私たちには、まるで別の世界のように思われた」と想わされました。

しかし、これこそファンタジーです。八路軍の兵器は貧弱で、奇襲攻撃のゲリラ戦ができる程度であり、周囲に存在を明らかにする程の「合唱」など不可能でした。八路軍が村やその近辺にいると分かれば、――たとえ日本軍が内通で黙認しても――国民党軍や軍閥の標的になるため、当然、村人は止めさせ、それでも「合唱」すれば、当然、支持を失います。せいぜい周囲に知られないように部隊内で「歌声」が「朝の挨拶」になっていた程度と言えます。

だからこそ、田村は「幻想」という言葉を使っています。つまり、陸緑英という中国共産党員のプロパガンダをリアルに記述しつつ、それを信じ込んでいないことも示しています。彼は中国共産党にシンパシーを抱いていても、盲信してはいませんでした。

（五）二重の諜報活動や特務工作の交錯

日本兵にはプロパガンダを信じる者もいました。佐田にもその傾向がありますが、前山はより強いと言えます。これに相関して、日本軍に対する批判でも、前山の方が佐田よりも強く、さらに前山は日本軍から逃げだし、八路軍に加わりたいと望み、また中国共産党が日本軍に工作員を送り込んでいるという「考え方をするのがたのしいらしかった」という程でした。彼は「日本は太平洋に於て必ず負ける」とさえ発言しました。佐田はこれ程ではありませんでしたが、そのような会話ができるくらいの批判的な意識は持っていました。

これは一般的な皇軍のイメージと比べて驚くべき事ですが、日本軍への共産主義の浸透を踏まえれば、その具体例といえます（この点は天皇共産主義として『平和教育の思想と実践』や『「わだつみのこえ」に耳を澄ます――五十嵐顕の思想・詩想と実践』で論じました）

確かに、国内では既に日本共産党は潰滅され、さらに自由主義者、民主主義者など総力戦体制にそぐわない者たちも徹底的に弾圧されました。ところが、国外の、しかも戦場の皇軍の中で、このような状況があったのです。しかも、それは田村の誤認や「デフォルマション」ではなく、むしろリアリティの反映でした。彼は「最前線でありながら、そして、その最前線のなかで後方という場所にしかゆるされない、奇妙なバランスにささえられた」という状況を説明していますが（洲之内『棗の木の下』三〜四頁）、その「バランス」は内通し合う双方にとって必要であったと言えるでしょう。

これを踏まえれば、前山は、内通において、陸緑英や張沢民とともに「泳がされ」、利用されていたと考えることもできます。佐田たちは国民党軍の「機密文件の整理を命ぜられてい」ました。それは日本軍が中国語を母語として微妙な意味あい・ニュアンスまで読みとれる中国人を利用して国民党軍の「機密」を知るだけでなく、中国共産党も二重スパイの陸や張たちを通して、敵である国民党軍の機密を入手できることになります。日本軍にとっても、中国共産党軍にとっても、敵（蒋介石の国民党軍）の敵は、たとえ味方でなくとも、利用できます。

そして、前山は秘かに同志と憧れているため、陸や張に重要と思われる情報を示唆的に知らせていたでしょう。直接ではなくとも、見て見ぬ振りをすればいいのです。

そして、前山の行動を監視していれば、その情報が中国共産党に伝わる効果を測定することができました。その後の動きをみれば、中国共産党の軍事力（情報の処理、解析、活用の能力）が分かるからです。

さらに、相互作用《インスタラクション》で、前山の動向を監視すれば、中国共産党の工作やプロパガンダも察知でき、それを分析すれば予防できました。

このようにして最前線で内通における二重の諜報活動や特務工作が交錯していたということが「肉体の悪魔」から読みとることができます。

四 「肉体」と愛憎のデモーニッシュな絡みあい

張沢民は初めは「看護婦」と自称しますが、兵士・党員であることが判明します。その言動が「剿共指針」の中の「共産党員識別法」に「該当」していたからです。それには、次のように書かれていました。

共産党員はどんな烈しい追求（ママ）を受けても、自分が共産党員であることを自白することはまれであるとも記されていた。何故ならば、共産党員であることを自認することは、日本軍の手中に於いては、自分から自分を殺してくれというに等しいと信じられていたからである。

「信じられていた」ということは、中国共産党指導部が党員が絶対に自白しないように信じ込ませたと言えます。確かに、それもありましたが、張沢民や陸緑英は処刑されませんでした。しかし、それは日本軍の協力者＝スパイとして使うためでした。中国共産党が共産党員であることを自白したら必ず殺されると党員に信じ込ませたのは、何よりも党組織を守るためと言えます。しかし、共産党員であるためは、共産主義や毛沢東主義を堅固に信じていなければならず、これが次第に言葉や表情の端々《はしばし》に現れるものです。

ただし、それは隠そうとしても意図せずに出てしまうことで、張沢民はそうではありませんでした。彼女は、佐田と親しくなると「河北省清豊県の女子師範の学生」でしたが、盧溝橋事件が勃発し、日本軍が「郷里まで進出して来たので、民族的憤激に燃え」、「急進的な教師につれられて太行山中に分け入り、八路軍に参加し」、「晋冀魯豫辺区地政府教育庁にはたらいていた」などと、彼女「自身の口から自然に」話しました。これは「剿共指針」の裏をかいて、殺されずに日本軍に潜入するためであったという解釈ができます。既述したとおり「晋冀魯豫辺区」は中国共産党の「解放区」であり、太行山は革命「根拠地」の一つでしたから、その「政府」で働くことは、共産党員か、それに等しい者となります。現在でもそうですが、共産党体制では党と政府は一体です。当然、当時の日本軍もそれくらいは認識していました。そうでなければ、内通などできず、手玉に取られて負けてしまいます。

しかも彼女は「民族的憤激に燃え」ていました。このような人物が異民族の侵略者、帝国主義の敵の日本軍兵士に「自然」に自分の経歴を語ることは考えられません。「自然」であるように偽装したと考えざるを得ません。偽装は、そもそも彼女の名前から為されています。彼女は本名の朱愛春を最後まで隠し通しました。

このように偽装するのは、策略があるためです。そもそも、マルクス・レーニン主義や毛沢東主義では、共産党員＝革命家は、全生涯を革命に捧げるのであり、常に日常生活の隅々まで革命的であらねばならないと説かれていました。革命文学のベストセラー、オストロフスキーの『鋼鉄はいかに鍛えられたか』（版は多数）は象徴的です（この点は後述します）。そして、党員は常に党の上級機関に報告し、自己批判・相互批判しなければなりませんでした。このような共産党員やそれに等しい者が、日本兵に自分が党員であること、つまり党に関する情報を進んで語ることなどあり得ません。

さらに驚くべきことに、共産党員であることが明白になったにも拘わらず、彼女は自由に行動し、優遇されました。その上、彼女を中国「民衆宣伝」のための「劇団でつかえ」という指令が下りました。信じがたいですが、フィクションではなく、「事実に即してなぞった」ものであることから、日本軍は彼女の正体を見抜きながら〝泳がせ〟て利用したという解釈が導き出されます。それは中国共産党との内通にも利するからです。

彼女が「中共の組織につながっていないにしても、そのうち機会があれば連絡をつけるかも知れない」、「直接潜り込んでいる工作員だってきっといますよ」、「彼女たちがいつも遊びに行く県公署や新民会あたりにも中共の党団があるかも知れないさ」などと語られています。末端でこのように見ているのですから、諜報部門が注意していないはずはありません。

さらに「中共地区から来た男」で、「日本憲兵隊の密偵をしていた」者（陳）まで現れ、彼は、彼女について「あの女は、用心した方がいいですよ」、「この部屋にはいって来たとき、口笛で合図しましたぜ」と告げます。しかも、そう密告する陳自身、「口笛の合図」に答えなかったと言いながら、実は口笛を吹いていていました。そして「陳はすでに密偵独特のいわゆる両面工作をはじめている」と記されています。

そして、張沢民は佐田（「私」と表記）とともに村の「調査」に行ったとき、密かに離れて「裏山を登って行」こうとしました。これに対して「私」は、彼女が自分を捨てて昔の「恋人のところに帰って行くのだと思」い、裏切られたと「かっと」なり、拳銃を出し、引き金を引こうとしました。だが、彼女は「くるりと」向きを変え、「じっと私の手もと」を見つめ、「まもなく駈け降り」、「物凄いいきおいで私の方へ飛び込」み、「いきなり泣きはじめた」のです。なお「自筆草稿」では撃ったと書かれており、それとの比較考察は後で行います。

彼女は「あなたの弾丸にあたって死ぬつもりだった」、「好き」、「魅力がある」などと説明しますが、それは「あなたはもうすぐ太平洋で砲灰になるか、水鬼となる可哀そうな生命」だからであり、やはり「日本帝国主義は私たちの永遠の敵」であると明言するのです。全く矛盾しているように見えますが、彼女が二重スパイであれば、最後の明言が本心で、それ以外は偽装と解釈できます。しかも、背後から銃口を向けられたことを察知しても、落ち着いて「くるりと」向きを変え、「じっと私の手もと」を見つめ、「まもなく駈け降り」、「物凄いいきおいで私の方へ飛び込」み、「いきなり泣きはじめた」という行動は、正に肝が据わった筋金入りの、しかも魅力を最大限に活用する一筋縄ではいかない最優秀のスパイであると見なさざるを得ません。

これに比べて、「私」は復員後、敗戦の「街角で立ちどまり」、「夏空を見あげ」、彼女の「肉体」が「青空のなかで燦爛とうねり泳ぐ」の見、「呼びかける」のです。改めて魯迅の「日本人がまじめすぎるのに、中国人がふまじめすぎるのです」（先述）を想わされます。

五　肉慾の冷徹な利用、その冷徹な監視

「ふまじめすぎる」というのは、人間として信頼できないことになります。それは「鋼鉄」のような冷徹さに通じます。

この点で、「私」＝佐田＝田村が「君の肉体や感情は古い封建の中にあり、君の知性は現代にあった」と述べたことについても考察が必要です。「古い封建」ならば禁欲的な封建道徳を思いますが、この文の前に「祭壇の炎に自分の肉体を燃えあがらせて、自分の内部の邪悪なものを焼き亡ぼそうとする印度のある宗教の修道者のような厳しさと必死さ」が張沢民にあったと記しており、それが「古い封建」とされているのです。そして、当時の共産党員にとって「現代」の「知性」は科学的社会主義を標榜するマルクス・レーニン主義や毛沢東主義です。この二者の「断層」の中で張沢民＝張玉芝（田村は朱愛春とまでは知らなかった）は葛藤し、苦悩するというのです。しかし「事実に即してなぞった」ものから、田村が気づかなかったか、あるいは示唆に止めたか、葛藤や苦悩は「古い封建」と「現代」との「断層」だけでなく、その根底に二重スパイの危険で複雑な任務のためである、と行間や紙背から読みとれます。

これを「君には私の肉体が、ときに憎むべき悪魔のような存在に思えることもあったにちがいない。それと同時にそういう悪魔に自分のすべてをゆだねなければならぬような自分自身の心の動きを、自分自身の肉体を、君はどんなに憎悪しつづけたことであろう」という「私」＝佐田＝田村の解釈に当てはめてみましょう。張沢民＝張玉芝が佐田＝田村を悪魔のように憎むのは、「日本鬼子」と

いう敵であるだけでなく、その敵に秘部まで全てをゆだねればならず、しかも、それで自分の慾情も激発し、充足してしまうからです。彼女は「太行山脈の峻険を日に十里の行軍をすることができる」ほど「筋肉の十分に発達した四肢が慾情にわななないて、のた打ちまわる」と描写されています。このようなエクスタシーと、そのように日本兵と交わることを特務工作として実践できることは、正に「肉体の悪魔」を思わせます。即ち、強烈な快楽を享受すると同時に、そのような自分を冷徹に演技させて敵を心底から籠絡することができるのです。

それでも、性交の特務を離れ、日常生活に戻り、ふと「鋼鉄」の如き冷徹な意志が弛むと、葛藤することになります。彼女が「ノート」に「生き方」や「環境」に関して「落伍者」、「堕落」と「大分悩んでいる」と記述して当然です（なお、彼女は「ノート」どころか「机」まで持つほど優遇されていたことも内通に関して重要です）。

このため、張沢民＝張玉芝はそのような自分を許せず、共産党のモデルと全く合わずに反応する肉体を悪魔と憎み、そのようにした佐田＝田村をますます悪魔だと憎みます。悪魔も憎悪も重層的です。

さらに「女区長」陸緑英についてみると、彼女は二人が激しく交わった時に「隣室」にいて、それを「わかっていたと思う」が、翌朝「いつものように何喰わぬ顔をして」挨拶しました。しかし、共産党員が、同じ共産党員が敵の兵士と「のた打ちまわる」ように強烈な性交をしながら、それを黙認・追認することなど考えられません。当然、俘虜の立場で敵の佐田を非難することなどできませんが、かつての「女区長」として張沢民＝張玉芝を批判して当然である。しかしストーリーから、これは読みとれません。

むしろ、張沢民＝張玉芝が確かにスパイとしての任務を遂行しているか——敵を籠絡させるためにこの上ない絶頂に導いているか——を冷徹に監査していたと解釈する方が妥当です。つまり、張沢民＝張玉芝は女優の朱愛春としてしっかり演技しているか、同時に共産党員の思想性は堅持しているかを、陸緑英は冷徹に点検しているということです。この冷徹さもまことにデモーニッシュであり、「肉体の悪魔」のとおりです。大城戸中将が「その強固な意志と奸智は、到底常人の企ておよばないほど強度のものであった」という所以です（前掲『戦史叢書一号作戦（1）河南の会戦』七四～七五頁）。

また、日本軍は、このような陸緑英を黙認しており、やはり内通として注目すべきです。

ところが、佐田＝田村はそのレベルではありません。彼は「私の肉体はもうどうにもならぬ情熱に喘ぎつつ、がむしゃらに君の肉体を求める」が、同時に「私自身の魂の奥底にある君に対する民族的なひけ目——それは普通の人々は優位として考えられるものだが——そのひけ目」も感じるのです。優勢な武力で進駐する日本軍の優位性が却って「ひけ目」となるという点に、批判精神を持ち合わせる知識人の葛藤・苦悩がうかがえる程度です。

このことは、佐田＝田村は二重スパイにはなっておらず、彼女を操り、敵＝中国共産党から情報を得ようとしていないことを意味します。

確かに佐田＝田村にも策略がありますが、それは若者の未熟なものです。彼は張沢民＝張玉芝を無視するふりをして、休日には「洗いたての軍衣袴を身につけ、軍靴を磨いて、いそいそと」外出し、「中国や朝鮮の娘たちのいる家を片っ端から覗いて歩き、ひっぱり込まれるままにそんな場所で時間を過ごし」ました。自分の慾望を発散させるとともに、彼女を嫉妬させ、気を惹こうというレベルです。

なお、佐田＝田村が「そんな汚れた女の床の上でも、君のことを考えた」と述べている点は歴史的な限界で、当然「汚された」という慰安婦の被害こそ認識すべきです。これを考慮した上で、彼の「床の上でも、君のことを考えた」という吐露に注目すべきです。それは、佐田＝田村の張沢民＝張玉芝への愛慾が売買春の次元ではないことを示しているからです。彼女を愛人という広義の慰安婦と捉えるのも、このためです。

六　殺人と紙一重の差の限界状況

先に言及しましたが、活字にならなかった「自筆原稿」では、脱走しようとする張沢民＝張玉芝を、佐田＝田村は「恋人のところへ帰」り、「私を捨て」ると思い、彼女の「左の上膊」を実際に拳銃で撃ちます。そして「工作員や特別工作隊の者たちが、銃声を聞いて走って来」ると、彼は「暴発だ。――暴発だ。何でもない、何でもないんだ」とごまかし、彼女をかばいます。

しかし結局、出版した定稿はそうではなく、佐田＝田村は発砲しません。いずれがリアルであるのかは不明ですが、その差は紙一重であったと言えるでしょう。

その上で、尾西が定稿の「彼女を撃とうとしたときに彼女がふり返ったというのは、かなり無理のあるクライマックスのように思われ」、没にした稿の方が「自然な展開である」と述べている点を検討します。「自筆原稿」に従えば、佐田＝田村が「上膊」を撃ったのは、殺さず、かつ脱走させず、しかも「暴発」としてかばうことができ、彼女を現状のまま自分のもとに置けます。これは「男性のエゴイズム」としても筋が通ります。そして、これ程まで射撃が上手であったとすれば、田村＝佐田は優秀な兵士であったことにもなります。しかも、彼は「特別工作隊」とも関わっていることが明記されています。

これらは田村が特別に重要な任務に就いていたことをうかがわせます。ところが、そうであるとすれば、彼の「暴発」というごまかしなど通じません。従って張沢民＝張玉芝をかばうこともできません。後述するように「破壊された女」では彼女は陸閻（元女区長）とともに太原へ送られます。これは上級機関による審査と利用を示唆しています（洲之内の「棗の木の下」を参照）。

そして、軍の実状を知る者が読めば、没にした「自筆原稿」からは、これらは容易に推定できます。だからこそ、田村は定稿に書き換えたと解釈できるのです。

それでも、撃ったことと撃とうとしたが止めたこととの差は紙一重であり、実際は「定稿」のとおりであったとしても、もはや彼女をかばいきれない状況に至ったと考えることもできます。張沢民＝張玉芝からみれば、だからこそ脱走しようとしたのです。このような限界状況において田村＝佐田は愛する張沢民＝張玉芝に拳銃を向けたということが考えられるのです。

また、田村が特別に重要な任務に就いていたことは、女優がハニー・トラップとなったことや、配属部隊が沖縄に転進したにも拘わらず、彼が中国に留まったことにも符合します。

前山は「日本は太平洋に於て必ず負ける」と、張沢民＝張玉芝は「あなたはもうすぐ太平洋で砲灰になるか、水鬼となる」と考えていました。末端でさえこうですから、上層の見識ある者は、より明確に認識していたと言えます。例えば、先述の「負傷兵を無料で」「慰めた」慰安婦は、一九四五年春に、参謀から「『このあたりが潮時だぞ』日本に帰った方がいい」と「忠告」されました（『従軍慰安婦 正篇』二一一〜二一二頁）。彼女は慰安婦として「お国のために尽」したことが評価されたので、個人的に特別に忠告したと考えられます。これは田村の特例を考える上で参考になります。

これは田村を非難するためではありません。それ程の能力を彼が持っていたことを示すためです。しかも、その能力を、帰国後、優れた戦争文学のために使いました。それは無数の戦友の声なき声の代弁となっています。そのために、彼は生かされたと自覚していました。彼は幾度も「運命」という言葉を用いていますが、その重みを十分に認識していたと私は考えます。

田村は先述した「平和愛好論」批判に続けて「毎日、心の晴れぬ日がつづいた。……あれほど期待して帰った故国なのに、すべてのものに裏切られて行くやうに思へた。曾根の魂は渇いて終日憂鬱な状態にあった」と述べながらも、次のように結びます。

ある夜、厠に起き、手水を使ふために雨戸を繰つてみると、庭は昼のやうな明るさだつた。雪が降つてゐるのだ。雪はまださかんに降つてゐる。雪は裏の工場の屋根にも隣りの家との境目の竹垣にも、菜園にも、あらゆるものの上に降つてゐる。庭の隅にある曾根の腰までしかない低い梅の枝にも降つてゐる。昨日今日幾つもその姿をみせてゐた花も白いつめたい綿に包まれてゐる。この雪はどんなものの上にも降つてゐるにちがひない。こんな静かな綺麗な世界から、いつから離れてゐたのかと、そのことが曾根にはしみじみと身に泌みた。騒々しい世間から離れて、いまこそ自分は考へるべきときだ。孤独にならなければ、七年にわたる銃火の生活から生死をつらぬいて得て来たものが、世間の雑駁な塵の中にちりぢりに散つてしまふやうな気がされて、ひしと自分を抱きしめていたわりたい気持にたへられなくなつた。曾根には自分が甘い子供のやうな感傷にとらはれてゐることもわかつてゐた。死んだ戦友たちの霊が、雪の下の梅の枝々にほのあかるい灯をともしてゐるやうに思へた。そして、ひそやかに彼に話しかけて来るやうだつた。ふつと清楚なその霊たちの香りさへするやうだつた。さうしてゐると曾根は自分までが浄化され胸が発光するやうに思へた。

「わかつてゐる、わかつてゐる」――言葉にだしてつぶやきながら、曾根は戸を開めて、部屋にひきかへした。床の間にも梅の一枝が匂ふてゐた。灯を消して再び寝具に身体を横たへた。暗い中で浄化された自分の魂がまだ光りつづけてゐるやうだつた。死の静穏がひたすらに思はれた。誰にも見せたことのない涙が瞼を濡らし、あとからあとからと頰を伝うにまかせてゐた。

田村は「曾根」に託して雪の降り積もる純白で静謐な世界に「死んだ戦友たちの霊」を感じ、そのひそやかな声なき声に耳を澄まし「わかつてゐる、わかつてゐる」と応じたのです。このように綴ることが生き延びたことの贖罪であり、それが「浄化」と表現されています。彼は「清楚」な「香り」で「自分までが浄化され胸が発光する」かのようで、寝室戻っても「暗い中で浄化された自分の魂がまだ光りつづけて」いるようだと「浄化」を繰り返しています。無論、これは自愛的ですが、自画自賛ではありません。率直な実感の吐露です（自愛は多かれ少なかれ誰にもあります）。

なお「曾根」は、後に取りあげる「戦場の顔」でも登場します。

七 「失われた時」への痛恨や詠嘆――「肉体の悪魔」と「破壊された女」――

「肉体の悪魔」の結びでは、佐田＝田村のいた兵団は沖縄に転進し、張沢民＝張玉芝が言ったとおり「全部砲灰と化し水鬼に化し」ましたが、彼は大陸に残され、生き延びました。そして、「焦土となった故国に送り帰され」、「敗戦の街を歩」き、「虫けらのような娘たちが戯れている姿」を眼にします。この情景は「肉体の門」への繋がりを示唆しています。

また、佐田＝田村は「亡国の関頭にあって、私はようやくあの頃の君の心の苦悩がわかりかけている」と述べ、「崩れた街角で立ちどまり、私は夏空を見あげる。君の肉体が、青空のなかで燦爛とうねり泳ぐ」のを目にし、呼びかけます。このような結びは「悪魔」的ではありません。ところが「破壊された女」では異なります。両者を比較してみましょう。

「肉体の悪魔」の別れの場面では、「私は君を機関車の石炭の上に乗せた。……ほかの住民たちに交って、ちょこなんと座った君の姿は、極めて普通の娘だった」と書かれています。「破壊された女」では「太原の第一軍司令部の対共調査班に、洲之内が高級軍属として勤めていて、俘虜たちをあつめ、対共調査の仕事をしていた。張玉芝と、元女区長の陸閻はそこに送られることになり、……太原行きの汽車に乗せた」と書かれています。

なお洲之内も「棗の木の下」で「高級司令部」や「特務機関」について述べる中、陸閻と張玉芝に類似する范桂娥や高玉芳を登場させています（『棗の木の下』八五〜一七八頁）。范桂娥は「抗大」の「総校」に所属して「徹底した抗日意識」を持ち、高玉芳は「兵団」の「宣伝班の劇団」の「女優」とされています。そして、二人の行動に関わって「おかしな話」、「嘘」、「下手な作り話」などが書かれています。やはり二人はかなり自由に行動しているのです。このように重なりあっていることと、洲之内が「高級軍属」であったことは、田村が特別に重要な任務を与えられていたという解釈の補強になります。

そして「両面工作」の二重スパイを「普通の娘」として放免することは考えられず、彼女たちはより高度な、従って困難な任務を課せられることになると推論できます。ますます対日協力を強いられることになり、それは中国からみれば裏切りの度合いがひどくなることです。

また、そうでなければ、品野が『異域の鬼』一八六〜一八七頁で記した「美人」女スパイが捕えられ、拷問され、さらに司令部まで連行され、「そこでも調べられ銃殺された」ことと同様になったとも考えられます。いずれにせよデモーニッシュなことです（この点で「棗の木の下」と「肉体の悪魔」や「檻」のさらなる比較考察も必要ですが、ここでは愛と死が主題なので控えます）。

そして、田村は「戦後、破壊された心」を「古びた軍服につつんで、焦土の祖国に復員した」と述べる中で「破壊されたのは、彼女だけではなかった」とも加えます。ここで注意すべきは、彼女には「破壊された」だけで、「破壊された心」と「心」を付けていないことです。

「破壊された女」が発表された一九六四年には、中国共産党と中華人民共和国は反革命鎮圧運動、反右派闘争などの政治運動で戦中の漢奸（対日協力者）を徹底的に追及・処刑したことが日本でも知られるようになっていました。情報部門の「古参兵」で、特別に重要な任務に就いていた田村が、これを知らないはずはありません。一九五五年の藩漢年事件などを踏まえれば、張玉芝＝朱愛春は「心」だけでなく「肉体」までも「破壊された」であろうと田村が推測して当然です。

張玉芝＝朱愛春は藩漢年のような指揮命令する階級ではないから処罰されないだろうとは考えられません。一党独裁体制下では末端まで徹底的に追及されます。しかも日本軍との内通は中国共産党にとって絶対に知られてはならないタブーであり、彼女の存在自体が体制にとって危険なのです。これは通化事件にも関わり、『慰安婦と兵士の愛と死』第五章第一節第三項（二）③「通化事件――大規模な虐殺、冷酷な見せしめ処刑、証人の抹殺」で論じました。

しかも田村は「破壊された女」で「彼女との隠密の愛情にいささか重荷を感じていた」と吐露しています。別れて「重荷」をおろせたことは、安全を確保でき、生きながらえることができたことに繋がります。しかし、彼女は違ったのです。これを思う時の田村の痛恨や罪悪感は如何ばかりであったかと思わされます。この点で、原田が「ヒロ子のさげすみに満ちた憎しみ」を感じたと田村が書いたことの意味はますます深長になります。『蝗』「後書」で記した「他人に知られたくない卑怯さ」も重くなります。

このようなわけで、明確に書かれなかった重要なこと、書けないほど重く苦しいことについても考える必要があるのです。これは心理の裏を覗《のぞ》くような思いからではありません。書き得ないほど悲惨な「運命」を洞察し、二人がそれと格闘したことに大きな意義を見いだすためです。それは、田村が「張玉芝に贈る」と記し、佐田に託して夏の青空に張沢民＝張玉芝が「燦爛とうねり泳ぐ」のを見たことの本懐に通じるでしょう。

八　田村と洲之内と「M」

（一）田村の「はしがき」から

田村は『棗の木の下』の「はしがき」で、洲之内について、次のように述べています（『棗の木の下』三〜四頁）。

洲之内徹と、私とは、かつて北支那の同じ戦線で生きていた。彼は私たちの兵団の上級司令部である第一軍司令部の佐官待遇の軍属であり、対共調査班の班長であった。第一軍司令部のあった山西省太原で、司令部の営外の、街のなかに公館を持ち、主として元中共兵の俘虜である班員たちと一しょに、そこで起居していた。

私たちの兵団司令部のあった楡次は、太原に近い。私には、軍司令部のある太原へ公用出張するたびに、街なかの洲之内公館へ立ち寄ることが、たのしみであった。そこには、恐らく当時の日本の内地では、すでに圧しつぶされてしまっていたにちがいない、知的で、自由な空気があふれていた。最前線でありながら、そして、その最前線のなかで後方という場所にしかゆるされない、奇妙なバランスにささえられた、静かで、おだやかな雰囲気があった。戦場特有の、物理的であると同時に、心理的でもあるそのメカニズムを、慧敏に見抜いて、意識的にそういう雰囲気を、洲之内公館に醸しだしていたのは、洲之内自身であり、彼の人柄であった。

また、田村は「M」という、自分の「部下」であり、「理論的マルクシスト」であり、洲之内の「熱狂的な信者」であった若き兵士についても述べています。

私の部下であったある若者は、かつての学生時代には、私と同じように、都会が好きで、そこに生きるよろこびをなにものにもかえがたく感じながら、一方、私よりも理論的マルクシストであったが、彼はまた洲之内徹の熱狂的な信者であった。太原への出張から駐留地に帰ったときは、その部下は、きまって私を、いつまでも夜おそくまで寝させないほど、洲之内徹について語るのだった。その若者にとっては、そのときのあらゆる日本の知的な男のなかで、洲之内徹の生き方は、一番、生の実感に満ちた、うらやましい生き方であった。若者は、まもなく、私たち老兵を大陸に残して、兵団の沖縄転進と行を一つにし、そこで兵団とともに玉砕してしまったが、死の瞬間のやりきれぬ彼の無念さを思うとき、いまでも、私は自分の胸が疼くのを、どうすることもできない。その若者は、私の「肉体の悪魔」のなかに、モデルとして登場し、また、「戦場の顔」のなかでは、洲之内徹も一しょに登場するが、その考え方は、私たちの民族があゝいう状況のなかにおかれていた時代に、短い青春を生きた、多くの若者たちの心のなかの、大きな部分を象徴していたように思う。洲之内徹と私との友情のつながりのなかには、この一人の若者のそのときの存在が、屈折して投影している。そのことは、洲之内徹もみとめるにちがいない。

そして「戦場の顔」（『戦場の顔』二七～四一頁）では「山西省の兵団の宣伝班」の「伍長」であった「曾根」、「太原の軍司令部」で「佐官待遇の軍属」の「須田亨」が書かれています。「曾根」は本書第七章で引用した「渇く日日」でも出てきます。

（二）洲之内の「あとがき」から

洲之内は『棗の木の下』「あとがき」で、次のように述べます（三六四頁）。

戦争中、昭和十七年か八年頃だと思うが、私は太原の軍司令部にいて、同じ山西の陽泉（後に楡次）の兵団の宣伝班にいた、田村泰次郎と識りあった。とは言っても、たまの出張のついでに、双方で顔を見に寄るくらいのことで、会っても文学の話を伺った記憶は、私にはないのだが、あとになってみると、その頃が、田村さんにとっては「肉体の悪魔」の頃だったのであり、私には「棗の木の下」の頃だったわけである。

奥付で、洲之内は一九四五年に「中国国民革命軍第二戦区政治部下将参議」と記されています。「国民革命軍」は国民党の軍であり、彼は「対共」で戦い続けたと言えます。それだけの能力があったことが分かります。

(三)「聡明」で「いいひと」の「M」と「前山」について

さらに「戦場の顔」で、田村は上等兵の「M」について、彼のライフ・ヒストリーを概観する中で性格を多角的に分析し、心理的複合《コンプレクス》も指摘しています。「M」は「戦場の顔」の主題となっており、それは「若者」＝「M」への愛惜と哀悼の表れと言えます。彼のコンプレクスも含めて、田村は若い「M」を愛しく哀惜したのです。

なお、田村は「M」と重なる前山上等兵について「肉体の悪魔」だけでなく「黄土の人」でも述べています。「肉体の悪魔」や「黄土の人」で書きされなかった想念を「戦場の顔」で綴ったと言えるでしょう。

「M」は「大阪商大を出たばかりの、まだ学生気の抜けきらない、若者だつたが、マルクシズムを理論的に信奉して」いました。これは「肉体の悪魔」や「檻」に登場する「前山上等兵」と共通しています。そして田村は、「M」が「知性的な聡明さ」のある「いいひと」であったのに、すっかり変わり、自分の「自尊心のために、罪もない一人の人間のいのちを犠牲に」したことを述べています。その犠牲者は中国人の「人夫」、「苦力」で、「良民」でしたが、天然痘の感染が疑われ、部隊にとって危険な存在となっていました。

そして殺害後、「Mの顔は、まったく、人間の顔じゃなかった」、「その顔が、ふと、戦争という不思議な巨大な顔のように思えて来」たと、田村は述べています。「M」という個人の「顔」を通して、戦争が現れているというのです。確かに殺害の方法は残虐で、「いいひと」の対極です。

既述したとおり田村は『戦場の顔』「あとがき」で「戦場では、どんな善良な、また優しい人間でも、ひとが変わる」と記しています。そして「M」について心を込めて叙述した短篇「戦場の顔」を書名に使いました。

このことは、彼がこの書で最も伝えたかったのは「M」であったことを示しています。そこには「彼の無念さを思うとき、いまでも、私は自分の胸が疼くのを、どうすることもできない」田村の哀悼が込められています。

それは何故でしょうか？

戦場では、部隊について知っている中国人を放置できません。危険な感染症のため連れてもいけません。奇襲の危険があるので、速断しなければなりません。では、誰が「良民」の処分を決めるでしょうか？　当然、指揮官ですが、躊躇していました（非戦闘員の殺害は戦争犯罪）。そして、「M」は「聡明」で「いいひと」でしたから、状況も判断でき、指揮官の躊躇も理解できました。さらに、指揮官が決断したら、それを実行するのは下級兵士の自分であることも理解していました。そして、「M」は、指揮官が決断する前に、自分から「少尉殿、殺しましょう」と言い出したのです。

しかし、このような記述を田村はせず、「二人の将校」が「ぐずぐずと思い惑っている」ときに、「機先を制し」、「自尊心」を満足させたと説明するだけです。確かに、その側面もあるでしょうが、「いいひと」の故に、将校たちの罪悪感を軽減しよう思ったとも解釈できるでしょう。そして、田村もそれを察知したでしょうが、彼はそこまで書いていません。

どうしてでしょうか？　田村は「M」の上官であり、指揮官の将校ほどではありませんが、「M」

によって罪悪感が軽減されたことでは変わりません。つまり、「M」に負い目があるのです。「良民」の殺害の罪悪感は軽減されましたが、それにも増して、「いいひと」の「M」への罪悪感が強まったと考えることができます。

しかも「M」は沖縄へ向かいましたが「上海から乗船する間際に」将校とともに残され、「太原へきたことが」ありました。それは「河南作戦の戦死者や、負傷して入院して連中の後始末」のためでした。「M」が「要領」のいい兵士でしたら、様々な理由で沖縄に赴かないこともできたでしょうが、彼は自分の部隊を「追及」しました。

つまり、このように「変わ」っても「いいひと」の側面がなおもあった「M」が玉砕し、彼に戦争犯罪の責任を軽減してもらった自分が生き延びたのです。だからこそ田村は「M」を想うとき、どうしようもなく「胸が疼く」のではないでしょうか？　そして、それが痛切なあまり、書けないのではないでしょうか？

ですから、改めて、明確に書かれなかった重要なこと、書けないほど重く苦しいことについても考える必要がある、ということを考えさせられるのです。

なお「Mの顔は、まったく、人間の顔じゃなかった」、「その顔が、ふと、戦争という不思議な巨大な顔のように思えて来」たという記述は、エリ・ヴィーゼルの「一片の夜」、「ぼろぼろの影のはしきれを綴ってできた、その黒い一片は、ひとつの顔を持っていた。ぼくはそれを見つめて、怖いわけがわかった。その顔、それはぼくの顔だった」に通じます（『夜明け』一四〇～一四一頁、村上「訳者あとがき」一九五～一九六頁も参照）。これは死刑執行人の場合で、また、ヴィーゼルは強制収容所から解放された直後に重病に罹り、ようやく回復できた者が鏡を見て「鏡の底から、ひとつの屍体が私を見つめていた」とも書いています（『夜』一八七〜一八八頁）。加害と被害の両面から「戦場の顔」が描かれています。

第九章　「檻」――「世界―内―存在」を超える活写――

一　「あはれ」

「檻」の書き出しは「その女の姿が、私の胸のなかに宿りはじめたことに、自分で気づいたとき、私は自分があはれに思へた」です。田村が佐田に託した吐露と言えます。そこには自愛がありますが、それだけでなく張沢民＝張玉芝への愛惜・哀惜も秘められていると考えられます。

「あはれ」は平安文学の鍵となる観念・理念です。これは「肉体」と対極的であり、それを田村が自分に当てはめることなど、無理解で、荒唐無稽であると見なすのは浅薄です。平安文学を代表する『源氏物語』では性愛が重要な位置を占め、その中で「あはれ」、「はれ」と悲憫を秘めたしみじみとした情感・慨嘆が表現されています。それは、万葉時代の「孤悲《こひ》」、室町時代の「秘すれば花」、江戸時代の「葉隠」の「忍ぶ恋」という日本的な心性、美的なハビトゥス（複合的な習性・慣習）の形成・再形成に位置づけられると考えます。

そして、確かに田村の文学では「肉体」が基調で、しかも直截に叙述されていますが、「檻」では佐田が無力な女性俘虜・王小英に手も触れずに立ち尽くした場面が描かれています。そこには「幻想」を打ち砕かれた失望に伴う憤怒を読みとることができ、それは「肉体」の慾動を超えています。

そのような佐田でも、思いを寄せる別な女性俘虜・張沢民＝張玉芝とは「肉体」の関係をもちます。そして、これにより、彼女は「新しい檻」に移されて、「新しい苦悩」が始まったと述べます。当然、彼女を愛する佐田＝田村も「新しい檻」に移され、「新しい苦悩」が始まります。そこから「あは」、「はれ」としか詠嘆する他ない命運がしみじみと伝わってきます。これについてストーリーに即して論じていきます。

二 「抗大《カンダア》」

「檻」では中国共産党の「抗日大学（抗大）」が取りあげられています。それは「若い中共党員には、どんなにすばらしい憧憬の的であったろう」、「一つの希望の象徴であったようだ」、「抗大《カンダア》という発音を口にするときの、あの昂奮に酔うたような異様にかがやく眼の光や、頬の色」を、佐田＝田村は「よく覚えている」と述べられています。エリクソンを援用すれば、これは青年の「忠義」の現れですが、戦時下でより強烈になっていると言えます。その頂点に「生神」の毛沢東が位置しています。従って「彼らは俘虜となったために一応日本軍に協力しているようには見えても、彼らのうちの誰一人として、主義を変えていようとは思えなかった」と佐田＝田村は見抜きます。

無論、それは「幻想」で、現実は異なり、権力抗争や粛清で異論や批判は封殺され独裁体制が強められていました。文学的リアリティを過大評価せず、批判的に読まねばなりません。

その上で、「抗大」を「昂奮に酔う」ように「憧憬」していた「若い中共党員」の存在は現実的であり、佐田＝田村が影響され類似した心性を形成するようになったこともリアルであることを認識する必要があります。「幻想」は現実ではありませんが、「幻想」を抱く者の存在は現実で、その存在を誰も否定できません（当然、批判はできますが）。

佐田＝田村自身も「中国の知識階級の最高水準を代表している」と評価し（異なる評価を出していません）、さらに先述したとおり前山はなおさらでした。しかし、それは中国共産党の厳重な情報統制と巧妙なプロパガンダや情報工作が効果的であったことを示しています。

この延長に一九六〇年代後半、毛沢東と文革に心酔した日本人の出現があります。新左翼セクトでは広範で（特にML派）、日本共産党では宮森の『実録中国「文革」礼賛者たちの節操』で述べられています。戦争状態ではなくなっても、このようですから、戦中では、共産主義や毛沢東に憧れる者にとっては、なおさらだったと言えます。

三　高い評価と「絶望的憎悪」のコンプレクス＝弱点

飴（肉慾）と鞭（思想工作）によるコントロール

佐田＝田村は「抗大」が「中国の知識階級の最高水準を代表している」と評価する一方で、それに「対する絶望的憎悪」を抱いています。これは根深い複合《コンプレクス》と捉えらえることができます。

そのため彼は「抗日大学生の捕捉殲滅」に「夢中」で「没頭」しました。この「絶望的憎悪」には張沢民＝張玉芝への「嫉妬」が絡みます。つまり、佐田＝田村は、マルクス・レーニン主義や毛沢東主義の思想的水準を高く評価しますが、日本兵の自分は絶対そうなれず、しかも張沢民＝張玉芝は「抗大」のことになると「眼の色が変る」のです。そのため、田村＝佐田は「抗大の行動を捜索すること」に「偏執狂的な執着と努力」をします。

マルクス・レーニン主義や毛沢東主義の評価は、それが科学的社会主義を標榜していることから科学にも関わります。つまり、佐田＝田村は思想的のみならず知的にもその優越を認めますが、自分は日本兵としての「檻」から出られないと痛感します。

しかし、この「絶望」とは裏腹に、張沢民＝張玉芝とは肉慾を満たせます。つまり、佐田＝田村は思想的知的には敵の中国共産党員に共感しますが、自分が侵略者の一人であるという罪悪感、それに反対・抵抗できない挫折感を抱き、また「悪魔」のような肉慾を抑えられず、それがもたらす汚辱や堕落を痛感し、しかもそれらが複雑に反発し、錯綜し、これにより複合《コンプレクス》が凝り固まったと分析できます。

ここで見方を敵＝中国共産党に変えると、このコンプレクスはまさに弱点となります。肉慾を充足させる一方で思想的に打ちのめすということは、飴と鞭のコントロールです。

ただし、このように読みとれることは、それを田村が表現し得たことです。これは、彼が「肉体」の角度から限界状況における人間の存在の本質的な弱点を、一部であっても、痛感・認識していたことを意味しています。彼は肉慾から逃れられなかったのですが、その奴隷にはなりませんでした。

四 「肉体のすさまじさ」に立ち尽くす佐田＝田村

日本軍は抗大生の李世寛（男）と負傷した彼に付き添う王小英（女）を捕まえ、佐田＝田村は二人を訊問しました。二人は夫婦に偽装していましたが、実際は、男性に「妻子」が、また女性に「良人」がいました。

二人は抗大生であることを否認していましたが、最終的に自供し、「高級司令部」への護送が決定されました。そこで処刑されることは明白でした。

その夜、王小英と李世寛は「檻」＝監房（当然、監視・観察されます）で性交しました。「うめき声が一層高まり、激しくなると……いまにも死ぬような。身体ぢゅうの力を絞ったやうな声を発し、もうここがどこであるかもかまはず、まるで格闘してゐるやうな騒ぎにな」りました。

佐田＝田村は「そこに立ったまま、ぶるぶると慄へ」ました。何故なら「全身の血は沸き返ってゐた。けれども、それよりももっと大きな衝撃で、私は慄へた。それは恐怖であった。……人間の恐ろしさ、肉体のすさまじさに、私は恐怖を覚えた」からでした。つまり「抗日大学生といふ誇りを持った知識人」でも、「相当な教養を持った中共党員」でも、このようになるからでした。既述したように抗大生は共産党員の中から選抜された「憧憬の的」であり、理想化されていました。李世寛は、この抗大生で、王小英は抗大「衛生部附の看護婦」でした。しかも二人とも、それぞれ伴侶がいました。

このような二人が、外から見て聞ける「檻」の中で、獣同然に交合し、よがり声をあげ、エクスタシーでは絶叫したのです。佐田＝田村は「男が抗日大学生という誇りを持った知識人」、「女が相当な教養を持った中共党員」でありながら、「そんな後天的な資質や環境を超えて、どうにもならない人間そのもののはらわたみたいなものが、互いに呼びあい、求めあって、からみあ」う状況に直面し、人間の恐ろしさ、肉体のすさまじさに、私は恐怖を覚えた」と述べています。毛沢東主義で高度な思想性を、科学的社会主義で科学を標榜しても、強烈なイデオロギーの一つであると認識できたら、そのようにならなかったでしょうが、田村はそこまで到達できませんでした。むしろ先述したコンプレクスを抱えていました。彼だけでなく多くの知識人も同様で、歴史的な限界と言えるでしょう。

五　「内部の声」――「そとからふと聞こえたあるなにかの気配」――

さらに、王小英は分隊長に強姦されました。佐田＝田村は王小英が分隊長に連れ出されて犯されたことを知った時、「まさか最後の夜にと、私は油断していた」と述べるように、中国人を守ろうとしました。これは一時的な感情ではなく、彼が「裏切られた」（後述）と思った後でさえ、王小英と李世寛が護送で後ろ手に縛られる時、「そんなことをする必要はないですよ」と止めさせようとします。思想的な崇敬や人間的な同情により二人の尊厳を守ろうとしたと言えます。だが、佐田＝田村より上級の下士官は「いいから、しばれ」と命じ、佐田は「卑屈に黙」ってしまいます。

田村＝佐田は王小英を気づかいますが、そこでもコンプレクスが現れます。彼は王小英に「裏切られたやうな力落ちを感じた。それと同時に、怒りがこみあげてきた。すると、ふと私は兇暴なものを感じ」たのです。彼が「裏切られた」と感じたのは「私もさっきの男と同じ目的をもっている者と判断しているようだ」と書かれてることから、自分も分隊長と同じ類と思われたためと読めます。だが「この女が弱かったからいけないんだ」とも述べられています。ここから、次の解釈が導き出せます。

共産党員は単なる共産主義者ではなく、『鋼鉄はいかに鍛えられたか』で描き出されたように強固な精神力を以て鉄の規律で活動せねばならないと説かれ、また見なされていました。そして共産党員は封建的非合理的な「民衆の阿片」の如き宗教と密接に結びついた道徳ではなく、科学的社会主義とレーニン主義的組織原則（特に民主集中制）に基づき理性的に思考し、行動しなければならないのです。それは道徳を超えており、「革命」のためなら何事をも耐えねばならないと「革命的禁欲主義」（先述）が説かれました。しかし、王小英はそうではなく、しかも、李世寛、分隊長に続いて、自分も受け入れようとしたのです。

日本軍の慰安婦の中で選抜された者は、金春子のように最後は自決する覚悟をもっていました。ところが、田村＝佐田が高く評価する中国共産党員が、この有り様なのです。正に理想が崩れて「兇暴なものを感じ」ながら「力落ち」した田村＝佐田は、次のように述べます。

どういう衝動だったか、――いまでも私ははっきりとはわからない。どういう理屈だったろう、――いまの私にはわからない。私はこの女を、どんなにしてもかまわないように思った。この女を犠牲にすることによって、私は生きるのだ。この女の知性も、誇りもみんな、私がふみにじるのだ。いや、そうしないでは、私は生きられない。（中略）いま考えると、私は、あの瞬間の自分の心が、自分のものであったとは信じられない。敗戦国とはいえ、一応生命の危険から解放された環境にある私には、あの戦場での自分が、異常人であったとしか思えない。あの環境のなかでは、あらゆる考え方が錯倒していたとしか思えない。そのくせ尚、あのときのああいう私が、あのときは真実であったということを否定できないのだ。

けれども、結局、私はそこにそのまま立っていた。頭のなかでは、思いきり乱暴な男でありながら、そこを動けなかった。

なにか檻のようなものが私の心のまわりにあって、どうしてもそれを破ることが出来なかった。最後の瞬間に、私をとどめたその檻のようなものが、なんであったか、―私自身の内部の声であったか、無意識の習性であったか、それとも、そのとき、そとからふと聞こえたあるなにかの気配であったか、それはわからない。

佐田＝田村は「どういう衝動だったか、――いまでも私ははっきりとはわからない」、「どういう理屈だったろう、――いまの私にはわからない」と自問を繰り返します。さらに「いま、考えると、私はあの瞬間の自分の心が、自分のものであったとは信じられない。（略）あの環境の中では、あらゆる考え方が倒錯していたとしか思えない。そのくせ尚、あのときのああいう私が、あのときは真実であったということを否定出来ない」と述べています。混乱した心理ですが、それを捉えて簡明に述べています。優れた自己分析と表現と言えます。混乱しても、その心理を思い出し、把握できるからこそ、このように記述できたのです。

さらに、田村＝佐田は「私の全身は、分隊長に対する憎悪と憤怒で燃えたった」ことを自覚し、それを「正義の抗議」ではなく、「人間存在の仕方、――人間の存在がすでに悪であるかのやうな、そのことへの怒りのやうでもあった」とも自己分析します。それは、崇敬していた者に「裏切られた」ことへの復讐とともに、そう感じながら自分にも「肉体」の慾動があり、やはり自分も唾棄すべき分隊長と同じように「悪」だと自覚させられたからであると読むことができるからです。

その場合、崇敬は美意識よりも高次であることを考慮すべきです。美意識でいえば、美しいから手に取るというのは、そのレベルの美しさです。美しすぎれば手で触れるのさえ恐れます。触れたとたんに、それに達していない自分の手で美が汚されるからです。そして、崇敬はそれ以上です。当然、これに逆比例して汚されたことへの「憎悪と憤怒」は激烈になります。性的慾動は本能的であり、また不潔感や嫌悪感も付きまといます。強姦にはこのような穢れに暴力の悪が加わり、正に存在が重層的に汚されるのです。

佐田＝田村はまた「裏切」ともいいます。それは、共産党員として崇敬していた女性が、夫がありながら、二人と繰り返し性交したためです。言わば実践思想的な〝片思い〟とも言えますが、片思いは却って強烈になることは往々にしてあります。

このようにして、存在の次元から「怒り」が燃えあがりますが、佐田＝田村は「けれども、結局、私はそこにそのまま立ってい」ました。それは自分が「檻」の中にいたからでした。彼は「私をとどめた檻のようなものが、なんであったか、――私自身の内部の声であったか、無意識の習性であったか、それとも、そのとき、そとからふと聞えたあるなにかの気配であったか」と述べます。

まことに「内部の声」と「そとからふと聞えたあるなにかの気配」の察知は、田村が「世界―内―存在」を超えて、「内」に偏さずに「内」も「外」も捉えていたことを示しています。それは、李佳炯では、内心から聞こえて、外に現れる実践に働きかける真言「オーム アラナヤ」を想わせます。それらはソクラテスの「ダイモンの声」に通底しているとも言えるでしょう。

そして、佐田＝田村は部屋から出ると、「顔全体の表情は死んだように青ざめ、眼だけが怒りに燃えて輝いている」張沢民＝張玉芝に「ぶつかりそうにな」ります。彼女は佐田＝田村も強姦したと疑ったのであり、それは愛慾の強さの現れでもあります。これに対して、彼は「不是《ブス》、不是《ブス》」と「烈しい言葉を投げつけ」ました。

以上の描写は、頁数でいえば「檻」全体の約1／5です。この割合は、田村が伝えたい思念の現れと言えるでしょう。しかも内容は優れた心理分析・自己分析であり、存在の核心である実存における悪魔的《デモーニッシュ》なものと、それを止めるものを考えさせます。悪魔的なものを止めるには、これを超えなければなりません。それを私は崇高《ハイリッヒ》なものと考え、それが田村の「肉体文学」に秘められていると認識します。

六　「檻」から「檻」に移ること＝出ること

その後、張沢民＝張玉芝は佐田＝田村に「身を任せ」ます。彼は「彼女の思想は、長いあいだ頑張り通し、ついに彼女の肉体の前に屈した。けれども、それは思想という一つの檻から、肉体という別の檻に移ったに過ぎなかった。それは新しい檻のなかで、彼女の新しい苦悩のはじまりを意味していた」と結びます。

「文は人なり」（ジョルジュ＝ルイ・ド・ビュフォン）といいます。叙述は自己表現でもあります。そのように書いた田村自身も「新しい檻のなか」で「新しい苦悩」が始まったと捉えられます。深く強く心身で結びついた二人ですから当然です。だからこそ、彼は「自分があはれに思へた」と書き出したのであり、それはまた彼女を「あはれ」に偲ぶことでもありました。

その上で、単に「移った」だけではないと、私は考えます。張沢民＝張玉芝は思想、肉体だけでなく、鉄の規律の党、共産党・国民党・軍閥・日本軍・土匪が戦い合う中国などの「檻」の内に囚われていました。佐田＝田村も思想や肉体だけでなく、軍隊、異域＝中国などの内に囚われていました。さらに二人とも時代という「檻」の内にありました。この重層的な「檻」におけるエロスと苦悩が、短編「檻」では示唆されているのです。

しかし、愛慾へと進んでも「檻」であり、進まなくても「檻」にいるのが人間の存在ですが、それを意識化することで、「檻」を対象化し、思考により、その外に出ることができます。「世界―内―存在」を超える認識を表現し得た田村ですから、このように読むことができ、かつ、そうすべきです。

移るには、外に出なければできません。たとえまた内に入るとしても、それだけではないのです。移ることは動くことで、それが大切です。生きることは動くことで、動きが完全に止まるときは、死です。

田村は「移った」としか書いていませんが、それ以上の内容を読みとることができます。私は、三木が「世界」における「人間」の存在について「ラテン語の existit（現實的に存在する）は語源的には『出て來てしまつた』といふことを意味する」ことを引いて、「人間は謂はば単純に世界のうちに在るのでなく、却つて出て來て在る」と論じていることを踏まえて、このように考えます（『哲学的人間学』二七二頁）。

このような読み方は、田村の哲学にも符合しているでしょう（文学者は哲学者であってもいいでしょう）。彼は次のように述べています。

それはもう理屈ではない。理屈では、私のその衝動は背徳である。けれども、それは理屈をはるかに超えた、もっと強い、もっと激しい肉体の衝動である。人間という存在そのものの衝動だ。肉体の本質が、倫理的であるかどうか、私には答えられない。だが、それは倫理的であろうとなかろうと、それはもうそうなのだ。それが人間なのだ。そうかといって、獣の状態ではない。獣は自分のいのちの完全燃焼を自覚する能力はない。私はその能力をそなえているのだ。私は人間であることの恐怖をとおして、それを超えたいのちの至上の恍惚境を感じた。

「自覚」によって、自分がどのような存在かを覚えることができます。それは自分を離れて、自分を外から見ることに通じます。確かに、それも自分の思考の範囲の内ですが、外への志向を全否定してはならないでしょう。

従って、これは文学的な表現ですが、精神分析、実存主義、身体性（Embodiment）の認識に通じています。しかも、己の悪魔的《デモーニッシュ》なものと「自覚」し、正対しつつ崇高《ハイリッヒ》なものを遠望しています。

七　補足として

（一）内通における「アル中」

短編「檻」において、日本軍は抗大生二人を拘束しましたが、「その後、抗日大学総校の学生三十名は、小部隊に分散し、各所に於て巧みにわが警戒線を突破し、一箇月後にはおおむね日本軍の勢力範囲から逃れ出てしまった」と書かれています。日本軍は動向をかなり具体的に把握していますが、ほとんど戦果を挙げていません。それは能力が低いためでしょうか、それとも内通による見逃しでしょうか？　たとえ後者でも、「蓋をあけてみたら赤くなっていた」という結果ですから、やはり甘く見すぎたと言えるでしょう。

参考として、佐田が「班長」として登場する「黄土の人」を取りあげます。そこでは、「通訳」の「山岡さん」が描かれています。彼は「日本にちゃんとした正式の妻子があ」りますが、中国で「中国人の女と肉体の関係が出来て、慶生が生まれた。慶生を生んだ女は、数年して、死んでしまった。そこへ、日華事変が起きた」のでした。彼は「アル中」です。

注意すべきは、慶生は「中共軍や、国府軍の俘虜あがりの宣伝院の工作員」もいる「日本軍の兵舎のなかで」、「八路軍の遊撃隊歌をうた」ったのですが、山岡は止めなく、前山上等兵が山岡の「眼の前でひっぱたい」たのでした。ここから山岡父子は中国共産党と日本軍の「内通」における特務＝二重スパイであったと読むことも可能です。酒浸りで「卑屈」であるという文脈で「日本も、中国もない」、「自分を喰わせてくれる者が主人」だと書かれていることは、これに符合します。

「アル中」は、それなりの使い道があります。周囲は安心して本音でおしゃべりします。その中の些細なことでも、優秀な情報分析者が知れば、重大な事項に繋がる手がかりになります。その場合、当人が気づかない方がいいのです。この点で、日本語と中国語ができる「アル中」は、日中双方にとって役立ったと考えることができます。酒代を渡し、探索すべき対象がいる酒場で飲めと指示し、帰ってきたら、徹底的に記憶を絞り出させます。それは「アル中」にとって苦痛ですが、それを凌げばよいのです。しかも「アル中」なので、すぐに忘れて、次の酒代のチャンスを考えます。直前のことは記憶しているでしょうが、時間の経過とともに忘れてしまい、自動的に消滅する録音のようなもので、まことに都合がよいのです。そして田村は、それに気づいていたと推論できます。

(二) インテリの言行不一致

「肉体の悪魔」では「大阪商大出身のマルキスト」と書かれた前山上等兵は、「黄土の人」では、これに加えて「インテリらしい良心」のある人物として描かれています。これは「戦場の顔」における「いいひと」の「M」に重なります。

ところが、前山上等兵について「日本軍の組織や、行動に対しては、いつも仮借ない批判を下しているくせに、自分たちが使っている中国人に対しては、指導者意識を持っていた。中国人の立場をよく理解しているくせに、彼らが日本軍にすこしでも反抗心を抱くことを、感情の上ではゆるせない」と指摘しています。前山が「八路軍の遊撃隊歌」を止めさせたのも、そのためと言えます。「インテリ」の言行不一致はよくあることで、この点もリアルでしょう。

また、中国でも、洲之内は范桂娥が「よく、根拠地の農婦たちが、『子弟兵』と彼女たちが呼ぶ八路軍の兵士のために、丈夫な木綿の手作りの鞋を縫ってやる話を得意げに聞かせるのだが、その彼女自身は、いまでは、街で買ってきた、小綺麗な黒繻子の女鞋をはいていた」と述べている(『棗の木の下』一二三頁)。先述の「馬上主義」も参考になる。

第十章　つかこうへいによる独創的な展開

一　はじめに

つかの田村文学の展開は独創的で、しかも慰安婦と兵士の愛を取りあげています。田村は東方社版『春婦傳』「自序」で「一兵士でなかったひとの戦争小説は信じる気持ちになれない」と述べます。だが、彼の「戦争小説」にも「デフォルマション」があり、一概に信じてはなりません。そして、戦争を体験しない後進のルポルタージュ戦争文学の意義を認めることも重要です。どちらにも批判が必要です。そこから有意義な意味や価値を導き出すことが後進のまた後進の課題です。それはまた戦争文学の継承・展開となり、それを、より確かに文学史に位置づけることになります。

二　「春婦傳」と『娘に語る祖国――「満州駅伝」――従軍慰安婦編』の結びの照応

田村は「春婦傳」で、慰安婦と兵士の生を手榴弾による悲劇的な心中（死）で終わらせました。他方、つかは『娘に語る祖国』で慰安婦と兵士の処刑（死）の直前に生へと転換させました。

それぞれの後についてみると、田村は「若い見習士官」の「熱情があふれる訓戒」を叙述し、つかは熱誠を以て訓戒した上等兵が韓国人であったと述べます。つかの展開は類比的ですが、内容は対極的で、まことに創造的です。これは「どんな時でも、希望を失ってはいけない」(後述)のメッセージでも分かります。

しかし、つかが類比的に著述したことは、彼が田村文学を尊重したことを意味しています。類比的は肯定的で、対極的は否定的で、両者を統合しており、決して一面的な否定ではありません。

つまり、田村文学を承けてつか文学があるのです。つか文学の意味や意義は、田村文学を踏まえてこそ深く理解できます。暗を基調とする田村文学のその暗の意義が、希望＝明を打ち出すつか文学で鮮明になります。光＝明があるから、人間に影＝暗ができますが、その影は存在の仕方によって当人の存在をより輝かせます。

なお、つかは同時代の子供の「いじめ」にも正対し、それは「ヤクザの喧嘩より陰惨です」と剔抉しています(『娘に語る祖国』一二八〜一二二頁)。これも的確であり、彼の良識が現れています。

三　取材で得た慰安婦の実相

つかは表題のとおり「娘に語る」文体で書き綴ります。彼は「誤解していたこと」として「いろんな人に取材をしたんだけれど、従軍慰安婦の人たちは必ずしも悲惨じゃな」く、「兵隊と従軍慰安婦が恋に落ちたという話もある」と述べます(『娘に語る祖国』一六〜一七頁)。また「朝鮮の村のボス」や

「女衒というか、仕切っていたのが朝鮮の人間」であるとも指摘します（同前、四七〜四八頁）。さらに、台湾の慰安所のことですが、「実際はいい商売で」、「当時の女の子の稼ぎからすると、桁違いに多」かったとも書いています（同前、八三〜八九頁。以下同様）。「食い物も何もかも軍隊から来ますからね、裕福だった」、毎週の軍医の「梅毒の検査」で健康が守られ、「将校になると営外居住が認められますからね、軍には女中って届け出て。みんなそうでしたよ。そうすると女中の手当てとかもつきますしね」、でも「戦争が終わると、朝鮮人や台湾人の慰安婦には日本への渡航許可が下りませんでした。ですから連れて帰れなくて心中した軍曹もいますよ」等々とも書かれており、その内容は、これまで述べてきたことと符合しています。

そして、つかは取材の中で、反戦運動に関わっていた日本兵の池田と出逢い、彼から慰安婦スンジャの愛を聞きます（同前、五六頁以降）。

四　スンジャと池田――「今日も満州に愛の壊れる時がきた」――

スンジャと池田の愛は全うされませんでした。その結末は「今日も満州に愛の壊れる時がきた」という表題で描かれてます。

逃亡しようとした二人の処刑の中断までが、池田の語りとして、以下のように書かれています（同前、一四九〜一五三頁）。

「鬼塚さん独特の、よく通る、ドスの利いた声が響きました。

『池田、何をしてるんだ』

『……』

『脱走する気か！』

スンジャも私も何も言えず、立ち尽くしていると、

『何のためにオレが駅伝大会を開いてやってると思ってんだ。慰安婦が脱走なんかせんでいいようにやっとるんだ。その気持ちをどうしてわからんのだ』

周りを兵隊たちに取り囲まれ、私たちは縛られ、木にくくりつけられました。

『知ってるな、池田。脱走は銃殺だと』

『はい』

『いいか、池田、じゃあこういうことにしてくれ。おまえはこの広い満州平原の中で駅伝の最中に便所に行きたくなった。そしてこいつが水を飲みに来た。そして二人で休んでいるところをたまたま、脱走したと思われて誤って銃殺されそうになっているってことにな。それでことを穏便に運んでくれ』

『しかし上等兵殿』

『オレがいつも歌ってるだろう。

〝今日も満州平原に愛の壊れる時がきた。

見よ、あの真っ赤に沈みゆく美しい夕陽を！！

あの夕陽に白く縁取りをすれば、日の丸の形になる！！〟

この詩はいい。

ここんところを汲み取ったならば何か言えるだろう。

大体なあ、オレたちが何十回も何百回も抱いた女と何してんだ！』

『はっ』

『わからんのか！　第一、兵隊が朝鮮人に、しかも慰安婦なんかと恋に落ちて脱走したなんてことになったら、大日本帝国が根底から揺らぐ！』

そう言ってガンガン殴られました。

『オレは常々言っているだろう。愛、その次には〝に〟から始まるあの言葉。〝愛憎し〟だよなあ。その言葉を刻みつけてもう一度何かを言ってみろ』

『上等兵殿』

『池田、いいか。嫌がる女を無理矢理連行し、抵抗したら傷つけ殺し、病気持ちにさせておきながら変な情けをかけた日には、大日本帝国は根底から揺らぐ。この戦争が終わったあと、〝あれは狂っていたんだ、だからあのことは仕方なかった〟そう言い切らねばならんのだ。それにはな、愛だ恋だを芽生えさすだけの理性などあってはいけないんだ。でなければ、大日本帝国が根底から揺らぐ！！

そこんとこを汲んでもう一度何かを言ってみろ！！』

『上等兵殿。こいつは可哀相な女であります。朝鮮から慰安婦として連れてこられて、日に三十人も客を取らされて、この女は可哀相な女であります。どうか助けてやってください』

『それは分かってる』

『好きになってしまったのであります。誘ったのは自分です。こいつは悪くありません』

その時、スンジャが前に身を乗り出し、はがい締めにする兵たちを振り切るようにしながら叫んでくれたのです。

『違う。この人悪くない。朝鮮から連れてこられて、何人も男取らされて、私たちが何した。この人だけが、人間らしく扱ってくれた。自分の時は休めって言ってくれた。この人が死ぬなら自分も死ぬ』

『よし、そうか。撃て！！』

そう言って、右手を高々と振り上げようとした、ちょうどその瞬間でした。サイレンが鳴り響き玉音放送が流れたのです」

「玉音放送？　終戦ということですか」

「そうです。なんか大騒ぎになっちゃって、そのなかで私はへたりこむようにして地面にしゃがんでいました。ほっとするというか何というか、とにかくただ座り込んでいました。」

鬼塚上等兵の「この戦争が終わったあと、〝あれは狂っていたんだ、だからあのことは仕方なかった〟そう言い切らねばならんのだ」は、第七章の九で引用した田村の「死ぬことをまるで生きることのやうに考へる同じ考へ方で、正しくないことをまるで正しいことのやうに考へて行動するときがある。この世の道義の基準が地獄でまるであべこべになるやうに、――従つて、そこではこの世の物差しではかつてはわからないことがすくなくないやうな、そんな価値の顛倒が行はれる」ということに通じますが、鬼塚上等兵の方が意識的です。

スンジャと池田は生きながらえましたが、その後、結ばれるには到りませんでした。池田はスンジャと離ればなれになり帰国しました。しかし、彼はスンジャを忘れることができませんでした。ともに銃殺を覚悟するほど愛しあっていながら、死を免れた瞬間に「へたりこ」み、愛さえ「壊れ」てしまったのです。ところが、時間の経過とともに悔恨が強まりました。

他方、鬼塚は「愛国心の強い、優秀な兵隊で、特攻隊にも志願しようとしていた」「韓国人志願兵」でした（同前、一五三〜一七二頁）。彼も敗戦で茫然自失し、同様のスンジャとともに日本に渡り、東京下町でストリップ劇場を経営し、スンジャはストリッパーとなりました。だが、私生活では二人の間で「何もな」く、それぞれ苦い過去を抱えて生き抜きました。

結びは「人には、どうしても取り返しのつかない時間、取り返せない事実があります。誰もが後悔してもしきれないものを抱えて生きているのです。／しかし、どんな時でも、希望を失ってはいけないのです」という呼びかけです（同前、二〇〇頁）。

五 「人は、人を恨むために生まれてきたのではない」

つかはインタビューに応えて「僕自身、従軍慰安婦は奴隷のように扱われていたと思ってたんです。でも、ちょっと違うところがあるなと思って。いくら憎み合っても、極限状況でも信じ合える部分があるという……」、「声高に『慰安婦問題は軍部が』と言うのも分かるけど、それじゃ解決つかないでしょう」、「こういう発言ができるのは僕ぐらいしかいないから。立場として。日本人がこう言うのは難しい。韓国人だからできた」と語りました（「秋田さきがけ新報」一九九七年三月二四日）。

また阿比留瑠比は「一六年前の平成九年にインタビューした直木賞作家で在日韓国人二世でもあった故つかこうへい氏の言葉を思い出」しつつ、それを摘記しています（「産経新聞」二〇一三年六月二四日）。

「僕は『従軍』という言葉から、鎖につながれたり殴られたり蹴られたりして犯される奴隷的な存在と思っていたけど、実態は違った。将校に恋をしてお金を貢いだり、休日に一緒に映画や喫茶店に行ったりという人間的な付き合いもあった。不勉強だったが、僕はマスコミで独り歩きしているイメージに洗脳されていた」

「悲惨さを調べようと思っていたら、思惑が外れてバツが悪かったが、慰安婦と日本兵の恋はもちろん、心中もあった。僕は『従軍慰安婦』という言葉が戦後に作られたことや、慰安婦の主流が日本人だったことも知らなかった」

「営業行為の側面が大きくても、人間の尊厳の問題なのだから、元慰安婦には何らかの誠意を見せ続けるべきだ」

「常識的に考えて、いくら戦中でも、慰安婦を殴ったり蹴ったりしながら引き連れていくようなやり方では、軍隊は機能しない。大東亜共栄圏を作ろうとしていたのだから、業者と通じてはいても、自分で住民から一番嫌われる行為であるあこぎな強制連行はしていないと思う。マスコミの多くは強制連行にしたがっているようだけど」

「人間の業《ごう》というか、こういう難しい問題は、自分の娘に語るような優しい口調で一つひとつ説いていかなければ伝えられない。人は、人を恨むために生まれてきたのではない。歴史は優しい穏やかな目で見るべきではないか」


本章の三で述べたことが、より詳しく語られています。

そして、阿比留は、つかが当初の「思惑」も「知識不足」も隠そうとしなかったことを述べ、「作家の偏見を排した冷徹な目」による「歴史の見方はあくまで公正で透徹していた」と評価し、「つか氏のような視座が、もっと世界に広がることを願う」と結びます。

つかの発言が一六年後に改めて注目されたことは、彼の良識には先見もあったことを証明しています。また「人は、人を恨むために生まれてきたのではない」は、先述の「どんな時でも、希望を失ってはいけないのです」と呼応しています。恨みは暴力を内包し、それを向けようとする者を傷つけようとすることで自分自身をも傷つけますが、希望は生きる力を呼び起こします。これはエリクソンを援用すれば「人間的強さ（human strength）」であり、また「徳＝力（virtue）」です。

これが重要なのは、田村文学の極めて悪魔的《デモーニッシュ》な内容を受けとめ、引きずり込まれずに、乗り越えるためです。そのためには、まことに「どんな時でも、希望を失」わない強靱さが求められます。それを引き出すポテンシャリティ（力量）が田村、そして、つかの文学にはあります。

なお阿比留は、「慰安婦問題が日韓間で政治問題化していた」ことに関連し、次のようにも述べています。

現代史家の秦郁彦氏の研究によると、慰安婦の四割は日本人であり、朝鮮半島出身者はその約半数だった。この事実についても、ほとんどのマスコミや左派系の政治家らは気付かないか無視している。

筆者は一二年一〇月に当時、元慰安婦に一時金（償い金）を支給するアジア女性基金の理事長だった村山富市元首相にインタビューし、こう問いかけたことがある。

「慰安婦の多くが日本人だったことはどう考えるのか。今後は、日本人も一時金の支給対象とするつもりはあるのか」

すると、村山氏は「うっ」と言葉に詰まったきり、何も答えられなかった。同席した基金理事が、慌てた様子で「今の質問はなかったことに」と取り繕っていた。

その後、慰安婦問題に関する最終的かつ不可逆的な合意が、二〇一五年一二月二八日に日韓政府の間で結ばれましたが、韓国では履行しないまま実質的な破棄に進みました。元慰安婦支援として日本が一〇億円を拠出しましたが、韓国は問題は解決されていないという姿勢を示しています。アジア女性基金の償い金の結果と同様です。

償いや支援の金で問題が解決されないことが再確認できます。事実に基づく歴史の共通認識とともに「人は、人を恨むために生まれてきたのではない」という考え方が大切です。

それは「支援」されて「恨」の「証言」を繰り返すことに対する問題提起にもなっています。

第十一章　玉砕した慰安婦

一　ペリリュー島にて

一九四四年、中川州男大佐の指揮下、引野通広少佐の率いる独立歩兵第三四六大隊約六〇〇〇名は南洋のペリリュー島北部の「水戸山陣地」を守備しました。引野大隊は山上に陣取り、三方から米軍海兵隊に包囲されましたが、勇戦して孤塁を死守しました。

米軍は最後に決死隊を募りました。決死隊は戦車の援護射撃で陣地の背後に回ることができ、ようやく日本軍を制圧できました。

この陣地に引野少佐と愛しあった芸者「久松」と思われる女性がいて、兵士とともに奮戦し、玉砕したと伝えられています。文献では「朝日新聞」一九五二年一一月二九日「八つの島（4）ペリリュー島」、児島襄「太平洋戦争〝最強部隊〟の勇者たち──最後の一兵は女性だったと語り伝えられるペリリュー島日本守備隊の奮戦記」（『宝石』一九六六年九月号、二六二～二七三頁）、秦郁彦「玉砕の島ペリリュー──『女性兵士』伝説の謎を追う──」（『諸君』二〇〇八年六月号、一三八～一四八頁）、平塚柾緒『証言記録生還──玉砕の島ペリリュー戦記──』（学研、二〇一〇年、一九六～二〇四頁、そこでは三ヶ野大典「ペリリューに残る悲しき戦話集」『丸』一九七一年四月号も挙げられている）があります。私としては、二〇一九年一二月六日、堺での聞き取りで、同じ内容を知りました。これらに基づき「久松」について述べていきます。

二　「久松」――「鶴の家の別嬪」

彼女は親に売られ花柳界に入り、南洋諸島に渡り、南洋庁と第一四師団司令部が設置されていたコロール島の四丁目にあった一流料亭「鶴の家」に務めました。二二～二三歳で、島きっての人気の美人芸者となり、「鶴の家の別嬪」と呼ばれました。

そして、久松は引野少佐と愛しあいました。引野少佐は人格が立派であり、その愛は精神的な要素が大きかったと考えられます。だからこそ彼女は命を惜しまずに、戦死が必至の隊長の当番兵としてペリリュー島に赴いたのです。

部隊がペリリュー島へ渡ることになると、久松は身の回りのものを周囲に分け、理髪店で髪を切り、軍服を着て、合う軍靴がないため地下足袋をはいて部隊に同行（出陣）しました。武器の操作など戦い方も練習しました。そして、米軍に対して奮戦し、最後はたった独りで機関銃を連射して米兵八六名を死傷させて玉砕したと伝えられています。

銃声が途絶えた後、陣地を調べに来た米兵は日本兵だとしても小柄すぎるので、死体を検分すると女性だと判明した、あるいは重傷で倒れていて、病院に移送されたが、二週間後に死去したなど、不確定です。しかし、確定できないから歴史として考えられないというのは浅薄な速断です。いずれにせよ、女性どころか約四〇〇名の島民（非戦闘員）全員は五月頃にパラオ本島へ疎開し、かかる女性が玉砕したことが伝えられており、従って、海兵隊と戦った女性を久松と解釈することは可能です。これを疑う者は、自分でさらに検証し、反証を導き出せばよいのです。

これは「伝説」とも評されていますが、そのように軽んじるべきではないと、私は考えます。児島が「米軍公式記録」に見出せない故に「伝説」と表現するのは尊重します。彼は実証的に、「バート尾形」が「報告」した「現場にいた一人の海兵軍曹」の「スキー」が「目撃」した女性兵士の奮闘に関する「証言」を取りあげています（前掲「太平洋戦争〝最強部隊〟の勇者たち」二七〇頁）。児島は引野少佐の久松の「身受け」など中尾清曹長の証言も紹介しています（同前、二六四〜二六五頁、以下同様）。中尾は「たぶん、愛人であると同時に、彼女は隊長に父親のような情愛を感じていたのではないでしょうか」と述べています。

久松は「髪を切り、兵隊服を着て少佐の前に現れ」、「私は軍属です。戦場に行く資格はあるはずです」と言いました。それ以前「すでにサイパンでは、邦人女性の勇戦が伝えられていた」ので、それを彼女は知っていたはずです。引野少佐は「隊長が〝愛人〟を同行するとあっては、部下の士気にも影響するにちがいない」と繰り返し、思いとどまるように説得しましたが、彼女は「隊長さんはきっと死にます。だから私もお側で死なせてください」と「頭をさげつづけ」、こうして彼女は引野隊長の「当番兵」となりました。

また、児島は〝沖縄グラフ〟崎山の「たしか、九州の出身で山崎という姓だった。自分の姓の逆だという記憶がある」も紹介しています。後述するとおり、秦は久松の本名を「梅田セツ」としています。確かに本名は違いますが、源氏名「久松」は共通しており、複数の異なる記憶から「久松」の実在が確かめられます。「山崎」という点について、彼女が良客の気を引くため「山崎」と名乗った可能性もあります。

そして、秦は久松について「又聞きの噂」や「伝説」に注意しつつ「『一緒に死ぬ』と髪を切った女」、「五十三歳の少佐は紳士であった」、「壮烈な自決を遂げた引野隊長」、「コロールきっての人気芸者」、「見つかった一枚の写真」と（以上は小見出し）、史実をさらに追究しました。その中には「鶴の家」の「従業員一同」の写真の発見があります。そこでは若い女性が多く並んでいますが、誰が久松か特定できないため、秦は「久松探しの旅は終わりそうにない」と結びます。

なお、その写真ではスカート姿ですが、多くの上着は兵服のように見えます。雲南でも兵服で兵士とともに奮闘した慰安婦が記録されており（『慰安婦と兵士の愛と死』第三章第一〜五節）、それと同様でしょう。

それでは次に「伝説」に関して検討していきます。

三 「伝説」の検討

倒れていた彼女の鉄兜をとると長い黒髪がはらりと現れたという言説もありますが、出陣前に兵士として丸刈りにしていたことから、これは「伝説」です。

機関銃の「乱射」という表現がありますが、冷静な連射でなければ八六名も倒せず、これも「伝説」に類する歪曲的な誇張と見なせます。また、八六名を倒すほど機関銃を独りで操作し続けるのは困難で、装填手がいなければなりません。あるいは彼女自身が装填手だった可能性もあります。次々に戦友が撃たれ、最後は彼女が機関銃を連射したという解釈も可能です。また、最期は手榴弾で数人を倒したとも伝えられています。

女性だからと予断すべきではありません。射撃には体力とは別の才能も求められます。敵が動くか動かないか、動くとしたらどのくらいの早さで、どの方向か、風力や風向はどうかなど一瞬に判断し、銃弾が届くところにいる敵を予測して撃たねばなりません。女性でもその才能がある者がいます。歴史を遡れば、父が会津藩砲術師範の山本八重（後の新島八重）は、会津戦争が始まると断髪・男装し、砲や銃で奮戦しました。

無論、久松だけを取り立て、持ち上げてはなりません。引野大隊の兵士たちの様々奮戦が彼女に凝縮されたとも言えます。つまり彼女を偶像化するのではなく、部隊全員の象徴と見なすべきです。それがまた無名の戦友たちを歴史に刻むことにもなります。

さらに具体的に検討していきます。前掲「八つの島（4）ペリリュー島」は、まだ海外渡航が制限されている時期、仕事で南洋諸島に行くことができた燐鉱石会社社員たちの見聞に基づいています。そこでは「部隊長付の婦人」であった女性兵士が「日本軍守備隊が玉砕して数日後」に、「完全占領の星条旗」を山頂に立てようとした米軍部隊を機関銃で攻撃したと記されています。島の中央の水府山頂に「自由の女神のほほえみにささぐ」と刻んだ「米国記念碑を建て」、また「白い十字架が南海の陽にまばゆく輝いている」とも書かれています。ただし「水府山」は中川大佐が指揮していた地点であり、引野大隊が戦ったのは北部の水戸山です。つまり「自由の女神」や「白い十字架」は久松とは無関係か、あるいは玉砕した場所ではないが、島の中央で彼女をアメリカ人なりに顕彰したと言えます。

なお、部隊の「生き残りの一部将兵（人数は復員局でもわからないといっている）が二三年ごろまでゲリラ戦を続けていた」と述べられており、そうであれば、久松を「最後の日本兵」と評する言説もまた「伝説」の類いとなります。

これらに注意した上で「久松」について慎重かつ厳粛に考え、伝えることが求められます。それは「久松」を象徴として、そこに無数の将兵の存在を凝縮し、彼女とともに死闘・玉砕した将兵を忘れないためです。

四　他の例 ― 補強のために ―

先述したとおり、雲南の戦場では兵服を着て兵士とともに奮闘し、その中には玉砕した慰安婦もいました。

類似の例は、フランスではジャンヌ・ダルクが祖国防衛に奮戦し、最後は火刑で壮烈な死を遂げました。それは今でも敬愛をもって語り伝えられています。バチカンは一九二〇年五月一六日に彼女を列聖しました。

スペインでは、ゴヤがナポレオン軍の侵略をテーマにした連作「戦争の惨禍」七「何と勇敢な！」で、最後に残った一人の女性が大砲を撃つ作品を描いています。

これらから、久松の死闘・玉砕は日本軍にとって恥ではなく、むしろ誇りと言えます。

歴史家の陳祖梁は、名は分からないが、二、三名の遺骨しか埋葬されていないと述べました。

それは「倭塚」と呼ばれていました。塚は「墳」や「墓」よりも意味が低いなどと、陳祖梁は申し訳なさそうに説明しました。

まして、玉砕した慰安婦の「塚」などありません。私は様々なことを思いつつ黙祷しました。

雲南の抗戦記念館の一角にある元の埋葬地と無名戦士の墓（筆者撮影）

第十二章　声なき声に耳を澄まし伝える

一　「サバイバーズ・ギルト」を理解し、乗り越えて

　玉砕した者は、当然、語れませんが、語れるはずの脱出した者も、なかなか語れません。この理由に「サバイバーズ・ギルト（survivor's guilt ＝生き延びた者の罪悪感）」が考えられます。戦死者への引け目、後ろめたさ、敗北の挫折感・罪悪感など否定的感情が複合したトラウマのためと言えます。この複合《コンプレクス》は形がありませんが、極めて強い心理的な重荷であり、だからこそ誰もが語り難く、内奥に抑圧します。

　さらに、兵服を着て戦った慰安婦さえいたのに、その負傷や戦死が全く記録されていないのは、女性が戦闘に参加するのを名折れと考える男尊女卑が働いていると分析できます。そして、女性の戦傷・戦死は恥であり隠そうとします。しかし「女の兵器」として大切に扱うなら、さらに進んで〝女性の兵士〟と位置づけるべきでしょう。

　よく知られた性感染症やスパイの対策のみならず、戦場の精神衛生（特に「乳房効能」）において慰安婦が果たした役割の重要性は、その名に値します。

二　凛烈な尊厳

列島と半島の間の民族差別を取りあげる者もいますが、これまで述べてきたように、下級日本兵と朝鮮人慰安婦の間には、むしろ「同志」的関係や「同族意識」がありました。ことさらに「被害」を強調する元慰安婦が「支援」された少数であるのは、そのためです。それは重苦しいトラウマ（サバイバーズ・ギルトなど）のために黙する者が多いことに乗じています。

しかし、そのような者の言論の自由を尊重しますが、運命に翻弄されながらも積極的に生きた慰安婦を見過ごしてはなりません。これまで述べてきたとおり、それは軍国主義の洗脳の所産ではありません。彼女たちは苦難の中でもなお生きる意味を得ようと必死で努力しました。そして、命懸けで戦う兵士に同情・共感し、身を挺して慰めようと思う者もいました。その中で気の合う兵士と出逢い、愛を育む者もいました。さらに、そのうちには、兵士とともに玉砕する者さえいました。

ここで玉砕について説明を加えておきます。タナトスに魅入られない限り、誰も死を望みません。しかし、それに向かっていることが分かっても、なお真摯に健気に務めを果たす者がいます。それは愚直とも言えるが、狡猾に立ち回り、生を偸《ぬす》む者より、むしろ凛烈な尊厳があります。

三　愛か、「恨」か

このように考えると、語れない死者やサバイバーの声なき声こそ、傾聴すべきことが分かります。

たとえ不本意でも、その運命においてなお生きる意味を探り、出逢った兵士と一途に愛を育み、ともに戦った者か、歴史の政治的利用のための「支援」により「恨」を掻き立てられて「証言」する者か？

その評価は歴史が下すことになるでしょう。後者では、「恨」というコンプレクスを伝統に根づかせてしまい、民族の精神を暗く歪めます。他方、前者はなかなか知られていません。だからこそ、本書で少しでも明らかにしたのです。

四　出会いも愛もなくとも

慰安婦の中には、出会いのなかった者も確かにいます。次の「福岡で会った」元日本人慰安婦の述懐は、しみじみと考えさせられます（千田『従軍慰安婦　正篇』二二四頁）。

いろんなことがありました。目をつぶるとすべて夢なのですね、人間って。すべて戦争のせいですかね。初年兵は顔を赤くし、古年兵はゆうゆう煙草をすいながら……何人も何人も死んでいきました。五年も六年も兵隊にとられっぱなしの兵隊は、女といえば私たち慰安婦しか知らずに死んでいったのでした。その人たちには何かの功徳をほどこしたことになるのでしょうね。でも、女の喜びはいつか感じない体になっていました。それに、不思議と日本に帰ってから体を売る商売になれず、こうして旅館の女中をしてます。昔の兵隊と会ってみたくないかですか？　いやもうあの人たちも世帯持ってるし、第一、会っても顔も憶えていません。会っても仕方ないでしょう。それにしてもいろんな事がありました。運命ですね。

諦念の中にも最終的に自分の生涯を受け入れようとしています。私はそこに、エリクソンに倣い、ライフサイクルの「完結」における「叡智」を見出します（エリクソン『ライフサイクル、その完結』）。その根底には人間への信愛があり、この信愛は思春期から始まる性愛よりも前の乳児期から生成するのです。彼女は、出会いがあったならば、「乳房効能」を糸口に、日本兵と愛を育んだと私は考えます。

おわりに

田村は「銃火のなかに生き、その青春と肉体を亡ぼし去った娘子軍はどれたけ多数にのぼるだらう」と述べました。これまで取りあげてきた慰安婦と兵士の愛と死は、極めて限られた少数例です。

大多数は知られていません。しかし、その愛と死は確かにあったでしょう。

万葉時代、恋は「孤悲《こひ》」と書き表されました。

江戸時代、『葉隠』では「煙仲間」とともに「忍恋（忍ぶ恋）」が語られました（「聞書」二）。「葉」に「隠」れ、「煙」で見えず、人知れず「忍ぶ恋」。

そして、世界大戦期、砲煙の中に慰安婦と兵士。

『葉隠』は「武士道というは死ぬことと見つけたり」（「聞書」一）で知られていますが、その本旨は「油断」せず日々を真剣に生きるということです。奈良本辰也は「死から生への転化」と捉えています（奈良本責任編集『葉隠』三六〜三七頁）。

「煙仲間」と「忍ぶ恋」は、この精神の現れです。

このような伝統において、慰安婦と兵士が様々に忍びながら生き、愛しあい、死んだことの意義を考えたいものです。

謝辞

幼少期にふと耳にした大人の会話や独り言を含めると、これまで蓄えてきた戦争体験に関わる話は数えきれません。一人ひとりのお名前をあげることはできませんが、心より感謝します。

その数は多いのですが、あくまでも一部であり、さらに主観が影響していることを自覚しています。とは言え、その主観が、客観的に、現に存在しており、あるいは、かつて実在していたのです。それらは少数例かもしれませんが、排除することはできません。

本書では論争が絶えない問題を扱っているため文献を論拠にしていますが、その背景には無数の貴重な語り（ナラティヴ）があることを、感謝をこめて記します。

そして、これらの編集では月ヶ瀬悠次郎氏に大変お世話になりました。

また出版は川端幸夫社長の慧眼と人徳のおかげです。

打ち合わせの合間の会話などでお二人から啓発されることも多々ありました。それと合わせて心より感謝いたします。

参考文献

・葦津珍彦「満州問題のもつれ」黒龍倶楽部編『内田良平傳』原書房、一九六七年
・麻生徹男『上海より上海へ——兵站病院の産婦人科医』石風社、一九九三年
・李佳炯（イ・カヒョング）『怒りの河——ビルマ戦線狼山砲第二大隊朝鮮人学徒志願兵の記録』連合出版、一九九五年
・池田恵理子「田村泰次郎が描いた戦場の性——山西省・日本軍支配下の買春と強姦」
・石田米子、内田知行編『黄土の村の性暴力——大娘（ダーニャン）たちの戦争は終わらない』創土社、二〇〇四年
・伊藤桂一『水と微風の世界』中央公論社、一九六二年
・伊藤桂一「慰安婦と兵隊」金一勉編著『軍隊慰安婦——戦争と人間の記録』現代史出版会、徳間書店、一九七七年、九二年新装版
・井上章一「源義経」中西進、王勇編『日中文化交流叢書・第十巻・人物』大修館、一九九六年
・ヴィーゼル、エリ著、村上光彦訳『夜・夜明け・昼』みすず書房、一九八四年
・ウィトゲンシュタイン、ルートヴィヒ著、野矢茂樹訳『論理哲学論考』岩波文庫、二〇〇三年
・内田良平「日本之亜細亜」『續國體論及國史論集』（内田良平著作集第二巻）皇極社出版部、一九八七年
・ウラジミロフ、ピョートル著、高橋正訳『延安日記——ソ連記者が見ていた中国革命』サイマル出版会、一九七三年
・エリクソン、エリク著、鑪幹八郎訳『洞察と責任——精神分析の臨床と倫理』誠信書房、一九七一年
・エリクソン、ジョーン&エリク著、村瀬孝雄、近藤邦夫訳『ライフサイクル、その完結』増補版、みすず書房、二〇〇一年
・小野田寛郎『子どもは風の子、自然の子——「ジャングルおじさん」の自然流子育て』講談社、一九八七年
・オストロフスキー、ニコライ著、横田瑞穂訳『鋼鉄はいかに鍛えられたか』新日本文庫、一九七五年
・尾西康充『田村泰次郎の戦争文学——中国山西省での従軍体験から』笠間書院、二〇〇八年
・川西政明『新・日本文壇史・第六巻・文士の戦争、日本とアジア』岩波書店、二〇一二年
・『木戸幸一日記』東京大学出版会、一九六六年
・キルケゴール、セーレン著、松浪信三郎、飯島宗享訳『死にいたる病／現代の批判』白水社、一九九〇年
・金春子著、近代戦史研究会編『女の兵器——ある朝鮮人慰安婦の手記——女の戦記第一巻・北支那戦線』浪速書房、一九六五年
・五味川純平『人間の条件』三一書房、一九五六〜五八年（後に新版、文春文庫、岩波現代文庫など）

- コンクエスト・ロバート著、白石治朗訳『悲しみの収穫――ウクライナ大飢饉：スターリンの農業集団化と飢饉テロ』恵雅堂出版、二〇〇七年
- 佐々木春隆『大陸打通作戦――日本陸軍最後の大作戦――』光人社NF文庫、二〇〇八年
- 品野実『異域の鬼――拉孟全滅への道』谷沢書房、一九八一年（ここでは筆者が品野から贈られた加筆修正のある一九九九年の第三刷に拠る）
- シェイクスピア著、小田島雄志訳『リチャード二世：白水社ブックス11』白水社、一九八三年
- シェイクスピア著、小田島雄志訳『テンペスト：白水社ブックス36』白水社、一九八三年
- 昭和戦争文学全集編集委員会編『昭和戦争文学全集第三巻――果てしなき中国戦線』集英社、一九六五年
- 洲之内徹『棗の木の下』現代書房、一九六六年
- 千田夏光『従軍慰安婦　正篇』三一新書、一九七八年
- 田村泰次郎「肉体の悪魔」秦昌弘、尾西康充編『田村泰次郎選集・第二巻・応召から敗戦直後まで』日本図書センター、二〇〇五年
- 田村泰次郎「檻」同前『田村泰次郎選集・第二巻・応召から敗戦直後まで』
- 田村泰次郎「第五図　破壊された女」同前『田村泰次郎選集・第二巻・応召から敗戦直後まで』
- 田村泰次郎「春婦傳」同前『田村泰次郎選集・第二巻・応召から敗戦直後まで』
- 田村泰次郎「渇く日日」同前『田村泰次郎選集・第二巻・応召から敗戦直後まで』第二巻
- 田村泰次郎「黄土の人」『田村泰次郎選集・第四巻・戦争文学の新しい試み』日本図書センター、二〇〇五年
- 田村泰次郎「蝗」同前『田村泰次郎選集・第四巻・戦争文学の新しい試み』
- 田村泰次郎『戦場の顔』講談社、一九五八年
- つかこうへい『娘に語る祖国――「満州駅伝」――従軍慰安婦編』光文社、一九九七年
- 辻政信『ノモンハン秘史』毎日ワンズ、二〇〇九年
- 奈良本辰也責任編集『葉隠――日本の名著一七』中央公論社、一九八四年
- 西田幾多郎「教育学について」『西田幾多郎全集』第七巻、岩波書店、二〇〇三年
- ニーチェ、フリードリッヒ著、木場深定訳『善悪の彼岸』岩波文庫、一九七〇年
- 朴裕河『帝国の慰安婦――植民地支配と記憶の闘い』朝日新聞出版、二〇一四年
- 秦郁彦『慰安婦と戦場の性』新潮社、一九九九年、
- 秦昌弘、尾西康充編『田村泰次郎選集』第二巻（応召から敗戦直後まで）日本図書センター、二〇〇五年
- 早坂茂三『田中角栄回想録』集英社文庫、一九九三年
- ビアンコ、ルシアン著、坂野正高訳、坪井善明補訳『中国革命の起源――1915-1949』東大出版会、一九八九年
- フランクル、ヴィクトル著、宮本忠雄、小田晋訳『神経症・I・その理論と治療』フランクル著作集四、みすず書房、一九六一年
- フランクル、ヴィクトル著、高島博、長澤順治訳「自己実現と自己表現の超越」『現代人の病――心理療法と実存哲学――』丸善、一九七二年

・防衛庁防衛研修所戦史室『戦史叢書一号作戦（1）河南の会戦』朝雲新聞社、一九六七年
・ホワイト、セオドア著、堀たお子訳『歴史の探求――個人的冒険の回想』上下、サイマル出版会、一九八一年
・三木清「文化の闘争」『三木清全集』第十六巻、岩波書店、一九六八年
・三木清『哲学的人間学』『三木清全集』第一八巻、岩波書店、一九六八年
・水谷尚子『「反日」以前――中国対日工作者たちの回想――』文藝春秋、二〇〇六年
・宮森繁『実録中国「文革」礼賛者たちの節操』新日本出版社、一九八六年
・森田正覚著、佐藤喜徳編『ロスパニオス刑場の流星群』芙蓉書房、一九八一年
・山浦貫一『森恪』上巻、高山書院、一九四三年
・山田正行『平和教育の思想と実践』同時代社、二〇〇七年
・山田正行『「わだつみのこえ」に耳を澄ます――五十嵐顕の思想・詩想と実践』同時代社、二〇一八年
・山本武利「野坂参三の『延安妻』――毛沢東が用意した〝秘書〟」『新潮45』二〇一五年四月号
・吉村昭『戦艦武蔵』新潮文庫、一九七一年
・劉震雲「温故一九四二」（日本語訳は、小説とそれを原作として著者自身が執筆した映画脚本と合わせて劉燕子編訳『人間の条件1942』集広舎、二〇一六年に所収）
・李志綏著、新庄哲夫訳『毛沢東の私生活』文藝春秋、一九九四年、文春文庫、一九九六年
・魯迅「今春の感想二つ――十一月二十二日、北京輔仁大学での講演」（一九三二年十一月三十日付「世界日報」（北京）教育欄に掲載。山田敬三訳『魯迅全集』第九巻、学習研究社、一九八五年）

著者紹介

山田 正行（やまだ・まさゆき）

大阪教育大学名誉教授、高野山大学特任教授、大阪府立大学客員研究員、教育学博士（東京大学）。

アウシュヴィッツ博物館活動で2006年にポーランド共和国功績勲爵十字勲章受章。帝大セツルメントを引き継いだセツルメント診療所など包括する医療法人財団ひこばえ会オールドセツラー評議員。

編著書に叢書『生涯学習』全10巻、『アイデンティティと戦争――戦中期における中国雲南省滇西地区の心理歴史的研究』、『希望への扉――心に刻み伝えるアウシュヴィッツ』、『平和教育の思想と実践』、『アイデンティティと時代』、『「ザ・レイプ・オブ・南京」を読む』、『戦中戦後 少年の日記 1944-45年』、『「わだつみのこえ」に耳を澄ます――五十嵐顕の思想・詩想と実践』、『盛田嘉徳文庫目録（1、2）大阪府立大学史資料叢書II、III』、『今こそ教育！：地域と協働する教員養成』（共著）など。

慰安婦《いあんふ》と兵士《へいし》　煙《けむり》の中《なか》に忍《しの》ぶ恋《こい》

令和3年（2021年）5月1日　初版第1刷発行

著 ……………………………… 山田 正行

発行者 ……………………………… 川端 幸夫

発行 ……………………………… 集広舎

〒812-0035 福岡市博多区中呉服町5番23号
電話 092-271-3767　FAX 092-272-2946
https://shukousha.com/

装幀・組版 ……………………………… 月ヶ瀬 悠次郎

印刷・製本 ……………………………… モリモト印刷株式会社

ISBN 978-4-86735-001-0 C0021